AF285945

*Für*
*Svenia*
*und*
*Melina*

*Herstellung und Verlag:*
*Books on Demand GmbH, Norderstedt*
*ISBN: 978-3-8391-7131-8*

*Ein dickes Dankeschön an Martina. Ohne Dich hätte diese Reise nicht stattgefunden.*

☺

## Prolog

Alles hat irgendwann einmal begonnen oder zumindest seinen Ursprung irgendeinem Ereignis, welches ja auch einmal begonnen haben muss, zu verdanken. Das nennt sich zumeist Zufall, Schicksal, Vorsehung, Glück oder "wie auch immer". Dieser Umstand oder diese Tatsache, sollte als „gegeben" hingenommen werden, da es für den weiteren Verlauf des Buches wichtig ist.

Da jeder Umstand wieder und wieder nur vorangegangenen Ereignissen zu verdanken ist wurde die Kausalität erfunden.

### Der zwangsläufige Zusammenhang zwischen Ursache und Wirkung!!!

Was soll das heißen?

Glück ist logisch und lässt sich erzwingen?
Schicksal ist vorhersehbar?
„Zufall" ein Wort ohne Sinn?

Jain!

Nicht immer ist die Ursache eines Ereignisses klar erkennbar, geschweige denn überhaupt nachweisbar. Manchmal scheinen Tatsachen zusammenhanglos, Ergebnisse sinnlos. Manch einer glaubt im wirrwarr der wahrscheinlichen Antworten die große Frage zu erkennen. Einige wenige trauen sich gar dennoch zu, den ganz großen Schuh anzuziehen und fangen ganz am Anfang der Reise an:

### Der Urknall

Ein hervorragendes Beispiel für die naive unvollständige Denkweise einiger, oder sogar vieler, so genannter Wissenschaftler unserer heutigen hochtechnisierten Welt. Sie befassen sich genau mit diesem Thema.
Ein unvorstellbar fürchterlicher Knall ist nach Meinung der heutigen Wissenschaft der Anfang unseres Universums.
Knall Peng Bums Rumpel Bauz und alle sind am Start oder was?

? ! ? ! ?

Junge, Junge, die trauen sich was zu. Keine Ahnung wie viele Millionen von Jahren das her sein soll, aber besser die Zahl schön groß gehalten, damit keiner mehr an das eigentliche Ereignis denkt. Vor 2 008 873 764 873 Jahren entstand durch den Urknall unser heutiges Universum!!!

Es funktioniert oder?

Was zum Geier steht da für eine Zahl?

Der Urknall ist zur Nebensache geworden.

Noch interessanter ist die Tatsache, dass unser gutes altes Universum schon immer grenzenlos war und ist.
Wie geht das jetzt wieder?
Passt ja Super. Erst der Urknall, dann Grenzenlos. Und außerdem dehnt sich das Ganze ja auch noch aus. Macht Sinn. Es knallt, dann dehnt sich`s aus und ist mittendrin unendlich. Oder am Ende oder vorher?

Mal ehrlich. Was ist am Rand des Ganzen. Oder noch interessanter: Was wird Außenrum geboten. Räumlich und Zeitlich?

Fakten vom Urknall:

Wann     ? (irgendeine ca. Zahl die keiner lesen kann)
Position ?  (genau in der Mitte)              (von was?)

Fakten vom Universum:

Entstehung ? (irgendeine ca. Zahl die keiner lesen kann)
Alter        ? (abhängig vom Entstehungsjahr)
Größe       ? (Alter x Expansionsgeschwindigkeit)

Es muss alles haarklein analysiert werden. Gewünschte (fehlende) Zahlen und Fakten werden durch Fantasie ersetzt. Möglicherweise schlimme Drogen während des Studiums und dergleichen, erleichtern die Recherche. Blablabla.
Irgendwann war klar das die Erde Rund ist, und keinesfalls das Zentrum des Universums.
Ist es wirklich so schwer zu begreifen wie der Hase läuft?

Jain!!!

3

Wenn es keine Ursache für die Entstehung des Universums gibt, warum gibt es dann unser Universum?

Die Antwort ist denkbar einfach:    Darum oder auch einfach Weil !!!

Die räumliche/zeitliche Ausdehnung        =        Unendlich

**Einzig das Universum selber, unterliegt nicht den Gesetzen der Kausalität.**
**Da es immer existiert, braucht niemand nach seinem warum oder wodurch fragen. Weil es keinen Rand hat, muss niemand nach seinem Ende suchen.**

Dieses Buch hat Gott sei Dank oder „Wem auch immer sei Dank" ein Anfang und ein Ende.

Diese hier beschriebene Reise hat stattgefunden.

Die Ursache hierfür ist ein kleines Krabbeltier, besser gesagt ein kleiner weißer Falter, der zur richtigen Zeit am richtigen Ort in unserem Garten gesessen hat und allgemein als „Zeichen" angesehen wurde.

*Tobago – Kein Reiseführer*

**Anreisetag**
**Sonntag 26.07.2009**

07.30 Uhr
Die Spannung steigt, in Erwartung der kommenden Ereignisse versagt der Körper trotz andauernder Müdigkeit die Bereitschaft weiterzuschlafen. Ein erster Kaffee, fünf Minuten später, verspricht Besserung, weckt aber auch mein Gehirn mit auf und zwiespältige Gedanken kommen Zutage. Können wir die Kinder lange genug im Unklaren lassen wo die Reise hingeht? Schaffe ich es wirklich als erster heute Morgen ins Bad um mein Versprechen einzulösen als erster duschen zu gehen?
08.00Uhr
Zwei Kaffeetassen später grübele ich noch immer vor mich hin, war aber noch nicht im Bad.
08.15 Uhr
Svenni erwacht. Sie ist ein so genannter Fifty-fifty Morgenmuffel. Das bedeutet, mal ist sie gutgelaunt nach dem Aufstehen, mal schlecht gelaunt. Heute war letzteres der Fall. Ist ja auch Klar. Immerhin hab ich gesagt dass ich als erster duschen gehe, und hab's nicht geschafft. Da würde ich auch ausflippen.
09.00Uhr
Ich mach mich in Ruhe als letzter fertig während Svenni zusammen mit Melina, Tinchen und Ann-Catherine abholt.
9.45 Uhr
Weil ich im Flieger nicht rauchen darf, zünd ich mir gerade meine 8. Zigarette den Morgen an.
9.52 Uhr
Wir sind alle bei uns auf dem Balkon versammelt und versuchen die Kinder, die natürlich längst gemerkt haben das dieser Tag "anders" ist mit Falschinformationen in die Irre zu führen.
9.58 Uhr
Anja, Alissa + Freund treffen ein. Ich trage gerade die letzte kleine Tasche ans Auto, die Kinder im Schlepptau, da fragt Alissa in Unwissenheit des Überraschungsurlaubs: wooo fliegt ihr noch mal hin? Mein Gesicht nimmt den Ausdruck völligen Entsetzens an und ich erwidere wohl eher unglaubwürdig: wie fliegen? wohin? und überhaupt warum? Wir wollten heute ins Rebstockbad nach Frankfurt.

10.10 Uhr
Die Reise beginnt. Durch geschicktes lotsen unseres eigenen
Navigationssystems in Anjas Auto, gelingt uns der erste Abschnitt bis
ans Frankfurter Westkreuz ohne nennenswerte Umwege. Erst als die
Qual der Wahl zwischen Terminal 1 und Terminal 2 auf den Schildern
aufkam, kam auch die Verwirrung.
11.40 Uhr
Wir haben nach eineinhalb Stunden die Tiefgarage des Frankfurter
Flughafens erreicht!!! jetzt erst mal `n Kippsche und alle Mann Pipi.
Aber schon kommt auch die erste größere Hürde: wo befindet sich
Schalterhalle C, Condor Comfort Check In 759, Terminal 773 - 780?
Der Langersehnte Kaffe mit Anja, Alissa + Freund im Skywalker`s
scheitert an der Suche. Man verabschiedet sich, sieht sich aber
dennoch kurze Zeit noch mal im vorbeigehen und verabschiedet sich
noch mal. Was sind wir doch alle nette, Guterzogene Menschen.
12.00 Uhr - 12.39 Uhr
wir stehen in der Schlange in Schalterhalle C, am Comfort Check in
759, Schalter 773 - 780 und nehmen, nachdem Melina`s Reisepass 9-
mal durch den Scanner gezogen und dann per Hand eingegeben
wurde (ich dachte schon wir bleiben Zuhause), unsere Flugscheine in
Empfang. Reihe 28, Plätze A - E.
12.40 Uhr - 12.45 Uhr
Wir rauchen unsere letzte Zigarette vor dem Flug.
12.46 Uhr
Auf der Suche nach unserem Flugzeug drohen wir kurzzeitig im Chaos
aus Menschenmassen und dem dichten Wald der
Informationsbeschilderung verloren zu gehen.
12.54 Uhr
In Abflughalle C, Flugsteig 62 glauben wir unser Ziel gefunden zu
haben. Die Bordkarten verschaffen uns Gewissheit als wir ohne
Probleme zur Gepäckkontrolle durchgelassen werden.
12.59 Uhr
All unsere Habseligkeiten werden durchleuchtet und ich muss nur
einmal meinen Rücksack auspacken um zu zeigen dass mein
Fotoapparat, mein Laptop, mein Baseballschläger, meine Panzerfaust,
meine Bücher und mein aktives Lautsprechersystem, allesamt
harmlose Gegenstände sind.

13.00 Uhr
Das Bording-in beginnt. Wir werden mit 3 großen Gelenkbussen zu unserem ca. 200 KM entfernten Flugzeug gebracht. Die Gesichter der anderen Flugpassagiere im Bus waren schwer zu deuten: Familien, Paare, Männer, Frauen, Kinder auf Ihrer Fahrt wohin? und warum fahren wir Bus? wir wollten doch fliegen! Am Ziel angekommen steht sie: eine Boing 767 der Condor-Air. Wie meine Fotos belegen macht das Flugzeug einen recht soliden Eindruck.

13.45 Uhr
Wir sitzen alle im Flugzeug, aber ich werde den Gedanken nicht los dass ich der einzige bin der sich gleich vor lauter Angst in die Hose macht. Die Melina witzelt mit Ann-Catherine, Tinchen macht einen gaaanz entspannten Eindruck, nur Svenni gibt mir Rätsel auf, sie ist anscheinend sehr konzentriert auf den bevorstehenden Start und überlegt wie sie hier schnell raus, und dann vielleicht doch lieber mit dem eigenen Auto nach Tobago kommt.

14.05 Uhr
Der Vogel hebt majestätisch vom Boden ab. Ich kann meine Angst förmlich schmecken. Und ich schwitze, ich schwitze wie der Mann in der Axe-Deo-Werbung. Möglicherweise hab ich laut geschrieen oder geweint oder ich war kurz Ohnmächtig.

14.15 Uhr
Wir sind auf über 3000m Höhe und ich weis genau das ich gar keine Angst beim Start gehabt habe. Ich fliege gerne lautet die Devise. Während der Startphase hab ich mehr Kalorien durchs Kaugummikauen verbrannt, als während eines 3-stündigen Waldlaufs. Die Svenni ist neben mir die Ruhe selbst, und für die Kinder war der Start einfach Super. Tinchen macht den gelassenen Eindruck einer Viel-Fliegerin.

14.45 Uhr
Die Reisehöhe ist erreicht und die Flugbegleiterinnen bringen die ersten Getränke. Ich entscheide mich für einen Campari Soda. Alkohol am Mittag ist eigentlich keine gute Idee, aber nach der Aufregung angemessen.

16.30 Uhr
Das erste Essen in luftiger Höhe wird serviert. Käse-Tortellini, Salat und ein Stück Kuchen das so klein ist, dass ich Mühe habe es auf dem Tablett ohne Brille zu erkennen.

17.00 Uhr
Nach den Strapazen am Frankfurter Flughafen kann ich mir nicht vorstellen, dass auch nur ein Fluggast aus Deutschland, als Sicherheitsrisiko auf irgendeinem Flughafen der Welt angesehen wird.

17.02 Uhr

Ich liege mit meiner Einschätzung weit daneben, jeder Fluggast hat nun die Aufgabe, sich in schriftlicher Form zu „outen". Wann, wie, warum und wo sind sie geboren, wie lange bleiben sie wo und warum auf der Insel, wie lange sind ihre Ausweisdokumente gültig und wo und wann wurden sie ausgestellt. Bis auf die Farbe der Unterwäsche wird jedes Detail erfasst. Insgeheim befürchte ich eine Zwangseinbürgerung in Trinidad und Tobago steht uns bevor. Das Ausfüllen der Dokumente in zweifacher Form zieht sich, weil in englischer Schrift, über mehrere Stunden hin.

22.15 Uhr

Ich habe 100 Seiten in meinem Buch gelesen, wegen der dünnen Höhenluft und meinem daraus resultierenden leistungsschwachen Gehirn, aber nur ca.2,5 Seiten verstanden. Ich werd`s wohl auf dem Rückflug noch mal lesen müssen.

22.45 Uhr

Abendessen an Bord. Entweder werden meine Augen immer größer oder das Essen immer kleiner. Ich brauche fast 10 Minuten um die zwei Scheiben Schwarzbrot, die mikroskopisch kleine Butter und das Fingerhut große Salatschälchen auf dem Tisch vor mir zu finden. Die versehentlich für Cellophan-Folie gehaltenen Wurstscheiben hinterlassen keinen geschmacklichen Eindruck.

23.15 Uhr

Svenni und Tinchen sind dem Delirium nahe. Ich habe den Eindruck sie greifen immer nach nicht sichtbaren Zigaretten und paffen virtuelle Zigarren oder so. Ich bin sicher die Svenni hätte wegen `nem Nikotinpflaster einen Ringkampf mit der dicken verschwitzten Stewardess angefangen, wenn's zur Debatte gestanden hätte. Ich selber hab gar nicht gemerkt dass ich Raucher bin. (hab halt vorgeraucht)

23.30 Uhr

Die arme Mims kriegt Heimweh und fängt an zu flennen.    Quatsch Die arme Mims hat im Landeanflug auf Tobago nichts zu lachen. Der Druckanstieg in der Flugzeugkabine setzt ihr arg zu. Sie bekommt schlimme Ohrenschmerzen, steckt die aber tapfer weg.

23.42 Uhr

Der Pilot will`s uns allen noch mal zeigen und knallt den Flieger wie einen Klodeckel im Hotelzimmer auf die Landebahn.

WIR SIND DA HURRA!!!

00.05 Uhr
Wir sind alle aus dem Flieger raus (jedenfalls der Teil der nicht nach Porlamar/Venezuela weiter fliegt) und versammeln uns in 5 lockeren Schlangen vor den Emigrations-Schaltern des Flughafens von Tobago.
00.15 Uhr
Ich schreibe die erste SMS nach Deutschland um kundzutun das wir gut angekommen sind.
00.30 Uhr
Wechsel der Ortszeit ist jetzt angesagt. Also: 6 Stunden Zurück.
18.30 Uhr
Wir sind durch die Emigration durch und die wunderschöne Insel Tobago hat uns. Noch in der Abfertigungshalle findet uns Mariella (Tinchen`s gute Freundin von einst) und lots uns an den Kontrollen vorbei in den schwülen ca. 29° C heißen Julinachmittag der Insel hinaus.
Vor der Tür Erwarten uns viele Einheimische die uns freudig erwarten und uns mit sehr lustig klingendem Englisch ein Taxi anbieten das uns irgendwo hinbringen soll. Wir lehnen dankend ab mit der Bemerkung: Thank you, No, we have a Driver.
Die Überraschung kommt dann als wir getrennt werden und in zwei Gruppen "Irgendwohin" gefahren werden sollen.
18.34 Uhr
Aus der Überraschung wird unterschwellige Angst als ich links vorne in dem Taxi zum sitzen komme.
Wir lernen Kennedy kennen der unser Ortskundiger Taxi-Driver ist. Nach den ersten Panikattacken, wenn man nur Geisterfahrer im Verkehr hat, kam dann nach und nach etwas Entspannung. In England oder ehemals englischen Kronkolonien wird halt Falschrum gefahren. Macht nix.
Kennedy war super drauf!! Nach kurzem gebrochenem Smalltalk durften wir rauchen im Auto (die erste seit geschätzten 2 Monaten) Dann hat Kennedy RnB laufen lassen auf dem fettesten Autoradio der Insel, vielleicht war es auch ne Live-Band im Kofferraum, keine Ahnung, aber er hat uns durch das Linksrum-Chaos sicher zu einem der schönsten Anwesen auf der Insel gebracht: Zu Mariellas Haus, in Pleasant Prospect 22, in dem wir für 14 Tage wohnen werden.

**Zum Haus: Hanglage ca. 50m ü.d.M zwischen dichtem Urwald und Palmen gelegen, mit Blick auf das 100m entfernte karibische Meer. Helau !!!**

19.00 Uhr
Wir haben uns provisorisch eingerichtet, Mariella hat uns schon vorher
die Schränke eingeräumt mit Lebensmitteln und kaltem Bier im
Kühlschrank (sie ist ein Engel)
19.02 Uhr
Ich trinke mein erstes "Carib"
19.06 Uhr
Mariella stellt uns die Einrichtung des Apartments vor. Meine
besondere Aufmerksamkeit gilt der Elektroinstallation im Badezimmer:
„es wäre besser den Duschkopf während des Duschens nicht
anzufassen" Sie hat recht, denk ich mir, der Duschkopf ist ein
birnenförmiger Durchlauferhitzer der mit offenen Nichtisolierten Kabeln
aus einer mir nicht zugänglichen Stromquelle seine Energie bezieht.
Hier wird offensichtlich die Wasser- und Strominstallation auf
spektakuläre Weise mit einander kombiniert. Andere Länder, andere
Sitten.
19.14 Uhr
Nach einer weiteren Runde Carib und ein paar Zigaretten beschlossen
wir den Dorfkern unsicher zu machen und den "noch" vorhandenen
Bekanntheitsgrad von Tinchen auszuloten. Nach einigen Fehlschlägen
sprang dann Inan auf die Bildfläche.
Im ersten Moment dachte ich, ein völlig betrunkener Wilder greift uns
an, nach kurzer Unterhaltung hab ich meinen Irrtum bemerkt: Inan war
ein völlig betrunkener Bekannter. Mit guter Laune und Durst. Nachdem
dann irgendwann klar war das noch viele ehemalige Bekannte auf der
Insel verweilen wurde direkt eine Party klargemacht, für
Mittwochabend oder so. Bei der Unterhaltung trank ich mein erstes
Stag, ein leckeres einheimisches Bier mit fünfeinhalb Umdrehungen.
Die Kinder hatten große Fragezeichen im Gesicht, kein Wunder bei
den Strapazen der vergangenen Stunden. Es kann aber auch einfach
an dem gesprochenen Englisch liegen, es hat wirklich mehr mit dem
bayerischen zu tun als mit Oxford-Englisch. Immer wenn ich kurz die
Augen zu hatte, dachte ich Inan wäre Franz-Josef Strauß.
20.08 Uhr
Wir, vor allem aber die Kinder wurden langsam richtig müde, wir
gingen also noch mal in die Bar um 6 weitere Flaschen Stag zu kaufen
und meine Überraschung war groß, weil uns Bob Marley höchst
persönlich die Flaschen überreichte.
21.00 Uhr
Der letzte Schluck Stag war auf der Veranda unter den Augen der uns
beobachtenden Vogelfamilien in der 8m hohen Goldblattpalme geleert
und die nötige Bettschwere erreicht.
Gute Nacht Tobago !!!

11

**Day 1**
**Montag 27.07.2009**

03.00 Uhr
Entweder durch die innere Uhr oder durch den Jetlag oder die
Zeitverschiebung unterlag ich der irrigen Annahme ich wäre wach. Ich
zwang mich mit autogenem Training dazu, weitere 2 1/2 Stunden zu
"schlafen".
05.30 Uhr
Meine Blase gibt mir unmissverständliche Signale: steh auf, wenn du
nicht gleich am ersten Karibik-Morgen zum Bettnässer werden willst.
06.30 Uhr
Wir frühstücken in der aufgehenden Sonne auf der Veranda und
erkennen erstmals das ganze Ausmaß hervorragender
Unterkunftsauswahl. Das Meer glitzert in geringer Entfernung, quasi
zum greifen Nahe, exotische Tiere singen und laufen über den
englischen Rasen am Hang vor dem Anwesen. Ist das hier das
Paradies?
Die offizielle Krönung des Frühstücks aber ist, einstimmig gewählt, der
ultimative Kaffee. Ein 50 Gramm Glas Instant Coffee "Cafe` Brasil"
EXTRA STRONG, mit dem Vermerk: "macht voraussichtlich 38
Tassen.
08.00 Uhr
Svenni hat sich langsam akklimatisiert. Mit militärischer Präzision wird
binnen Minuten der Plan für den Tag minuziös festgelegt. Ab 08.30
Uhr ist Wohlfühlen am Strand angesagt. Mit schwimmen und allem
drum und dran. Mittagspause mit Essen ab 12.30 Uhr. Nach dem
Mittagessen haben alle 1 Stunde zur freien Verfügung, wer will darf
sich ausruhen in der Zeit. Für 15.00 Uhr ist einkaufen im 400 Km
entfernten Black Rock angesagt, der einzigen von hier aus zu Fuß
erreichbaren Einkaufsmeile, das Ganze zwar ohne Auto aber Zahlen
waren noch nie Svenni`s Problem. Nach dem Einkaufen wird sich dann
wieder am Strand Wohlgefühlt um dann nach dem Abendbrot um
17.00 Uhr mit Bier und Cocktails den Tag Revue passieren zu lassen.
Die Einschlafzeit wurde bewusst offen gelassen.
08.30 Uhr
Wir gehen alle zusammen an den Strand um uns Wohlzufühlen.

08.35 Uhr
Wir erreichen den Wegweiser zum Strand: Stone Heaven Bay - This Way. Der Name traf zu, wunderschöne Fauna, wohl temperiertes Wasser, Lawafelsen die von dem letzten Vulkanausbruch vor ca. 1 000 000 Jahren zeugen und eine leichte Postkartenbrandung, die die Kinder zum spielen im Wasser einlädt und ihnen keine Angst macht.

10.45 Uhr
Ich erklimme eine der höchsten Palmen am Strand. Allerdings war ich ohne Machete nicht in der Lage diesem Baum eine seiner begehrten Früchte zu entreißen.

12.30 Uhr
Mittagessen auf der Veranda. Die Temperatur beträgt ca. 32° C bei 100% Luftfeuchtigkeit. Nach dem essen dachte ich an ein Schläfchen, wurde dann aber Liegenderweise von Tinchen fotografiert! Jetzt passierte folgendes: ich sah mir das Foto an und dachte sofort an das Lied von den Toten Hosen: Schieb den Wal zurück ins Meer. Ich dachte noch einen Augenblick über den Songtext nach, spielte dann aber mit dem Gedanken diese Reisebeschreibung zu beginnen, was ich dann auch tat.

Um
15.00 Uhr
begann ich auf eigene Faust eine Unterhaltung mit Tinchen über das Thema "Einparken am Hang, in einem fernen Land, ohne gültige Fahrerlaubnis, auf Privatgrundstück". Es konnte keine allgemeine Einigung erzielt werden und Svenni begann ob ihrer nun zu kippen drohenden Tagesplanung die Nerven zu verlieren. Das Ganze beruhigte sich aber wieder um
15.20 Uhr auf dem Weg in die Nachbarortschaft. Wir wollten dort den hiesigen "Supermarkt" für diverse Einkäufe aufsuchen. Der Supermarkt bestand aus 4 halbgefüllten Regalen mit verschiedenen Lebensmitteln, 3 mit Schlössern und Ketten verhangenen Spirituosenschränken und einer Horde Einheimischer, die wohl alle schon seit der Frühstückspause ihr Feierabendbier vor der Tür des 4 x 4 m großen Marktes tranken. Ein gescheiterter Versuch die zu Große Einkaufstüte an das Volumen des Geldbeutels passend zu handeln, zwang Tinchen nach mehrstündigem Rückmarsch durch die nun drückende Gluthitze Tobagos, mit Mariella den Weg zum Markt diesmal im Auto noch einmal zurückzulegen.

14

18.00 Uhr
Svenni`s nun gescheiterter Zeitplan erfährt einen weiteren Tiefschlag, weil wir erst nach Sonnenuntergang um 18.30 Uhr wieder vom Strand heimwärts liefen. Die Kinder hatten während des Tages mit Ausnahme des langen und ermüdenden Fußmarsches jede Menge Spaß. Baden, Spielen, Ausruhen, Essen und in Ann-Catherines Fall zwischen 250 und 400 Fragen zu allen Möglichen Themen stellen.
19.15 Uhr
Das Hühnchen oder Hähnchen mit Reis nach Tobago Art gab uns wieder Kraft um uns von dem anstrengenden Tag zu erholen, einzig die Pepper Sauce "Lilli Belle" verdient es noch gesondert erwähnt zu werden. Ich gebe zu, ich bin kein Scharf-Esser, aber diese Sauce!!! Also diese Sauce ist so scharf, das sich dagegen ein Fisherman`s Friend wie die Oblate beim Abendmahl anfühlt.
20.00 Uhr
Nach 5 Flaschen Stag, die wir uns brüderlich geteilt haben, habe ich beschlossen mich zusammen mit den Damen an der heute käuflich erworbenen Flasche Old Oak White Rum zu vergreifen. Es kam anders. Tinchen hat sich 2 Stunden mit Mariella verquatscht, und Svenni hatte keinen Durst mehr.
Aber in der Not frisst der Teufel fliegen. Um der beginnenden Langeweile vorzubeugen kreierte ich ein Getränk, das unter dem Namen "Tobago-Libre" von nun an Einzug in die Cocktailbücher dieser Welt halten wird. Bis oben hin Eiswürfel ins Glas, Das Ganze mit reichlich Orangensaft auffüllen und was an Platz übrig bleibt im Glas soll mit Old Oak aufgefüllt sein Hehehe. Nach 2 dieser Mischungen ging ich ins Bett weil ich kaum noch stehen konnte. Die Damen haben dann auch noch irgendwie was getrunken und zwischendurch Mücken totgeschlagen und mich zuguterletzt geweckt damit ich 2 Handtellergroße Kakerlaken fange.
Gute Nacht Tobago!!!

**Day 2**
**Dienstag 28.07.2009**

06.00 Uhr
Der Vorsatz bis 07.00 Uhr zu schlafen scheitert jetzt. Gar nicht so übel
für den 2. Morgen. Ein leichter Kopfschmerz (ein Eiswürfel im Rum war
gestern vielleicht zu kalt) zwingt mich dennoch ein weiters Stündchen
zu ruhen. Die Kinder wurden von den übrig gebliebenen Mücken übel
zugerichtet. Svenni und Tinchen hatten eine, abgesehen von der Angst
vor Küchenschaben, eher ruhige Nacht.
09.15 Uhr
Wir teilen uns in 2 Gruppen auf. Tinchen bildet die eine und verbringt
den Vormittag mit geschäftlicher Vergangenheitsbewältigung. Die
verbliebenen 4 ziehen los um ein wenig im Wasser zu plantschen.
10.00 Uhr
Der erste von 5 sintflutartigen Regenschauern an diesem Tag geht
hernieder. Himmlisch !!! Wasser hat in der Karibik sowieso einen ganz
anderen Charakter: Im Meer baden, entspannt und reinigt, ein
Regenschauer wird dankend angenommen der kühlenden Wirkung
wegen und das Wasser aus der Leitung kann man nicht trinken weil
man fürchterlichen Durchfall davon bekommt. Kurz nach einem
Schauer dagegen ist die Luft so mit Wasser gesättigt das ich mir gut
vorstellen kann wie sich im Mittelalter jemand gefühlt hat, der geteert
und gefedert wurde.
11.00 Uhr
Svenni macht mit einer neuen Wortschöpfung auf sich Aufmerksam.
Am Strand stehen nun mal jede Menge Kokospalmen, und die
ehemals schützende Fruchthülse der Kokosnuss hat nach dem
Heranwachsen der Frucht irgendwann keinen Sinn mehr, also hängt
sie halb röhrenförmig und vertrocknend, zwischen den Palmblättern
herab. Nach einem Regenschauer kann eine Solche Fruchthülse
manchmal den niedergegangenen Regen in eine bestimmte Richtung
kanalisieren. Svenni saß unter einer Palme und bekam Wasser aus
solch einer Hülse aufs Bein. "Scheiß Eierlochschlauch" war ihr
Kommentar.

13.00 Uhr

Huuunger! Ein Riesenhunger und ein Übermaß an Sonne bringen uns zurück ins Dorfzentrum. Im Pizza-Boys, der Inselansässigen Fastfood-Kette bestellen wir Pizza und unterhalten uns mit einem deutschen Touristen, der uns von einem Traumstrand in 200m Entfernung und dann noch eine Wurzeltreppe runter erzählt. Es sollte sich am späten Nachmittag herausstellen das „Traumstrand" ein treffender Begriff ist. Zwischenzeitlich wird Melina`s Wunsch nach einem Wasserschälchen für den niedlichen, kleinen, herrenlosen Hund der im Eingangsbereich auf dem Steinfußboden liegt, mit völligem Unverständnis abgelehnt. Nach dem Motto: Genug Pfützen auf der Insel, einem Fisch im Wasser stelle ich ja auch kein Schälchen hin.

14.30 Uhr

Nach dem Essen schreib ich ein wenig Unsinn unterstützt von Bob Marleys Album "Exodus" von 1977. Neben mir ein Surfermagazin mit den besten Surferstränden der Welt. So schön die Fotos auch sind in dem Heft, gegenüber der Realität wirken diese Strände ein wenig farblos.

15.00 Uhr

Ich stelle mein unvollendetes Werk der Öffentlichkeit vor. Svenni liest unter den kritischen Ohren des anwesenden Fachpublikums die ersten beiden Urlaubstage. Die Begeisterung ist groß und ich sehe mich schon auf den Bestsellerlisten dieser Welt ganz oben.

16.00 Uhr

Heute gibt's keinen 2. Teil mit verbrennen am Strand. Heute wird auf der Veranda gesessen und die Wolkenbrüche beobachtet. Tinchen schwingt derweil vergnügt den Putzlappen und singt wie Marilyn Monroe einst mit hochfliegendem Rock, das Lied von der ollen Knolle.

16.30 Uhr

Mariella bittet mich einen 600 Kg schweren Sack Hundefutter in die obere Etage unseres Feriendomizils zu tragen. Ich habe ihre beiden Tiere gesehen, ich weis nicht ob man Hunde dazu sagen sollte. Ich schätze die zwei brauchen für den Sack nicht viel Länger als zwei Tage, die fressen wahrscheinlich den ganzen Plastiksack gleich mit. Ich hab mich nicht getraut nach den Namen zu fragen, aber Brutus und Poseidon wäre angemessen. Ich komme ihrer Bitte nach, habe allerdings Bedenken ob der Tragfähigkeit der außen am Haus verlaufenden Holztreppe. Alles geht gut und der kurze Ausblick von Ihrer Palmengesäumten oberen Veranda aufs Meer, und der gemütlichste Liegestuhl aller Zeiten, runden die Illusion eines Nachmittags im Paradies ab.

17.00 Uhr
Die größte Insektentötungsaktion der Inselgeschichte beginnt. Die Krabbeltiere hatten nichts zu lachen. Mit "Fish" und seiner "Fast Knockdown Power" einem 600ml Sprühairosol rückten wir der Schar ungebetener Gäste zu Leibe. Dieses Zeug ist zu 100% effektiv, selbst wenn irgendwelche Mücken übrig bleiben haben sie kein Interesse mehr uns anzugreifen, weil wir in dem Sprühnebel selbst Zugrunde gegangen sind.
17.45 Uhr
Wir finden in 150m Entfernung einen Supermarkt und kaufen Bier, Cola und Süßigkeiten für die Kinder. Danach machen wir uns auf die Suche nach dem Traumstrand. Wir finden ihn auf Anhieb und das Bild das sich uns bietet ist mit Worten nicht wirklich zu beschreiben. Ein ca. 300m langer versteckter Strandabschnitt gesäumt von weit ins Meer reichenden Lawafelsen, eingebettet in Dschungelähnlichen Urwald hinter uns, 1 - 2m hohe Wellen die ein ohrenbetäubendes Spektakel veranstalten und eine untergehende Sonne. Warum außer uns sonst niemand am Strand war entzieht sich meinem Verständnis. Möglicherweise ist das alles nur eine Fata Morgana. Wenn es so ist, dann war es die beste aller Morganen. Der Gesamteindruck verbesserte sich noch durch das Genießen eines Sixpack`s Stag. Die Kinder, Svenni und Tinchen sind auch direkt baden gegangen, ich dagegen konnte diesen Anblick und vor allem diesen Moment nicht dadurch Entweihen das ich mich so etwas profanem wie schwimmen hingab. Außerdem musste ja irgendjemand das Bier bewachen.
19.00 Uhr
Der Rückweg durch die einsetzende Dunkelheit gestaltet sich schwieriger als ich dachte, nach dem Erklimmen der Wurzeltreppe löste sich durch die hohe Luftfeuchtigkeit der Boden unseres Sixpack`s auf, und die leeren Flaschen, auf die es hier eh kein Pfand gibt, verwandelten sich in einen Scherbenhaufen. Ein weiteres Problem sind die fehlenden Gehwege, man läuft immer mitten auf der Straße und somit mit einem Fuß immer im Krankenhaus auf einer Insel auf der nur Geisterfahrer leben.

19.30 Uhr

Wir erreichen das Ocean-View-In, eine Bar auf den Klippen über dem Meer. Die Freude ist groß als Tinchen in dem Besitzer den Bruder von Inan wiederzuerkennen glaubt. In Wirklichkeit steht Marlon vor uns, 43 Jahre alt, sieht aber aus wie 22, ein sehr guter Freund von Tinchen, aber mit Inan so verwandt wie die Schlange mit dem Igel. Das Missverständnis wird schnell aufgeklärt, wir sitzen und unterhalten uns und trinken Stag. Marlon wird mir immer symphatischer und er zieht auch schnell die Kinder in seinen Bann, sie dürfen Blacky, einen seiner 14! Hunde streicheln und er beschenkt sie mit Obst und selbst gefundenen Muscheln. Svenni unterliegt nach dem 5. Bier seinem Charme und sie verliert kurzzeitig alle Hemmungen, ihr Kommentar:"you have nice muscles" löst in mir Verwirrung aus. Nachdem alle Obszönitäten gesagt waren, lädt uns Marlon für Donnerstag oder Freitag auf sein Boot zum angeln ein. Hurra. Ich liebe diese Insel.

21.00 Uhr

Der Nachhauseweg ist schnell erzählt. Unterwegs Inan getroffen, die Party für Mittwoch bestätigt (alle alten Freunde von Tinchen wollen kommen, sofern noch auf der Insel wohnend), eine Abkürzung nach Hause gefunden die keine mehr ist weil alle Wege abgesperrt sind, also wieder zurück und jetzt den doppelten Weg, und zu guter letzt mit einem Einheimischen gesprochen der große Ähnlichkeit mit dem Glöckner von Notre-Dame hat (der Inhalt des Gespräches hatte wenn überhaupt nur den Sinn die Lippen in irgendeiner Form zu bewegen und unartikulierte Laute dabei auszustoßen)

21.18 Uhr

Zuhause. Die Kids noch schnell füttern und dann gaaanz in Ruhe ein paar Tobago-Libre`s runtergurgeln.

23.00 Uhr

Svenni sitzt, mit der linken Augenbraue noch 2,5cm von der Tischplatte entfernt am Tisch und ist nur schwer ansprechbar. Tinchen dagegen plant schon wieder die Drinks für den nächsten Abend: Irgendwas mit gepresster Baumrinde und Anis. Muss wohl was Einheimisches sein.

Gute Nacht Tobago!!!

**Day 3**
**Mittwoch 29.07.2009**

Erstmals in diesem Urlaub droht mein Körper mit ausschlafen, die Nacht ist erst um 07.00 Uhr zu Ende.
08.15 Uhr
Während des ausgedehnten Frühstücks warten wir Sehnsüchtig auf unser Auto, welches Tinchen am gestrigen Tage zusammen mit Mariella für ein ganze Woche klargemacht hat. Meine Vorfreude ist so groß das ich spontan mit schreiben beginne um die Nervosität zu unterdrücken.
09.00 Uhr
Svenni droht mit dem Wurf einer zotteligen Mangobombe in meine Richtung, weil ich Melina nicht beim schreiben zuschauen lasse. Ab sofort hab ich Publikum während der Arbeit am Laptop.
10.00 Uhr
Unser Auto kommt. Car-Rental-Tobago stellt uns um 3 Minuten nach Zehn einen schicken silberfarbenen Nissan Sunny EX Saloon 2.0 Bj. 2006 direkt an den oberen Hang der Hofeinfahrt. Der routiniert wirkende Fahrer hat offensichtlich Probleme mit diesem Automobil den schlecht befestigten Weg mit 50% Steigung bis vor unsere Veranda zu fahren, schafft es aber unter den wachen Augen der Auto-Ausleiher die Ware unbeschadet an Ort und Stelle zu platzieren. Die Formalitäten sind schnell erledigt und mit der höflichen Bitte das Fahrzeug lieber an der Straße abzustellen, weil sich keiner der Anwesenden Führerscheininhaber getraut den Hang rückwärts in einem fremden Auto herunterzufahren, verabschieden wir die beiden Kollegen.
10.38 Uhr
Die Wahl wer uns die nächsten 7 Tage von A nach B mit diesem Auto über die Insel lenken wird, fällt auf Svenni. Tinchen`s Drivers-License ist während des Umzuges 1997 von Tobago nach Deutschland verloren gegangen und eine neue muss erst wieder beantragt werden. Der Michel hat seinen Führerschein dummerweise in Deutschland vergessen und darf somit auf Tobagos Straßen sein vollendetes Können nicht unter Beweis stellen. Allerdings soll ich bei der Erstbesichtigung des Fahrzeugs assistieren. Nicht dürfen heißt ja bekanntlich nicht, nicht können. Die Freude über die plötzlich erlangte Mobilität weicht schnell nackter Angst, als wir einen Blick in das Auto werfen. Es hat kein Lenkrad!!!

Auf den zweiten Blick wird klar das sich das Lenkrad doch im Auto befindet, zwar auf der falschen Seite aber es ist vorhanden. Svenni`s verzweifelter Blick lässt mich in diesem Moment erahnen was sie denkt: da kann ich ja auch gleich das Spaceshuttle zum Mond fliegen". Gott-Sei-Dank hat unser Nissan wenigstens ein Automatikgetriebe. Auf der falschen Seite sitzen ist schon gruselig genug, aber dann auch noch mit links die Gänge rühren? Wie lang soll das gut gehen? Maximal die ersten 300m dann bleibt die Karre stehen. Jetzt kommt der spaßige Teil. Wir sind dann zwei kleine Runden durch den Ort gefahren. Halleluja !! Svenni ist prinzipiell eine gute bis sehr gute Autofahrerin, aber auf der falschen Seite sitzend, mit einem echten Automatikgetriebe, an einem Ort der nur aus engen Straßen und gefährlichen Steigungen besteht, da kann einem schon mal Angst und Bange werden. Nach mehreren Beinahe-Kollisionen mit diversen Mülltonnen und Bordsteinkanten sind wir dann Falschrumstehend, wieder vor unserer Hofeinfahrt in die Parkposition gerumpelt. Svenia und ich sind in dieser Viertelstunde um Jahre gealtert.

11.30 Uhr
Wir fahren nach Crown Point zum Flughafen um in der Bank Geld zu wechseln. Svenni hat sich weitestgehend an das Auto und den Linksverkehr gewöhnt, sie muss jetzt nur noch alle 150m durch zurufen aufgefordert werden die richtige Farbahnseite zu benutzen.

12.30 Uhr
Tobagos größter Supermarkt "Penny-Saver" wird zur 2. Etappe unserer Odyssee. Es war in dem Geschäft so kalt, dass das einheimische Personal teilweise mit dicken Daunenmänteln die Regale befüllte. Wir haben für 1001,- TT$ Lebensmittel eingekauft, was ungefähr 100,- Euro entspricht. Die Einkäufe werden in Tobago vom Personal doppelt eingetütet und gegen ein geringes Trinkgeld ins Auto verbracht.

13.30 Uhr
Mittagszeit. Wir kehren ein im "Keine Ahnung wie der Schnellimbiss heißt" an der Hauptverkehrsstraße in Airportshausen (der richtige Name muss noch recherchiert werden).
Die Auswahl an Speisen in der Auslage war klein aber zumindest optisch fein. Man muss es nur verstehen die richtige Kombination zu finden. Ich lag da wohl eher daneben. Ich hatte kalte, mit Käse überbackene Nudeln dazu eine mehlige ungewürzte, lauwarme Sauce mit roten Bohnen und welken Salat. Unlecker. Die Kinder fanden ihr essen gut, haben aber aus Anstand die Hälfte Übriggelassen. Svenni und Tinchen hatte leckeres, scharfes Schweinesteak mit feurigem Nudelauflauf.

15.00 Uhr

Auf der Nachhausefahrt versuchte Svenni die allgemeine Bewunderung ihrer nunmehr gefestigten Fahrkünste auf die Probe zu stellen in dem sie zwischenzeitlich die in Beton eingefassten 40cm hohen Bordsteinkanten zu erschrecken versuchte. Eine handfeste Debatte in deren Verlauf teilweise laut geschrieen wurde bahnte sich an als Tinchen und Michel sich nicht über die örtlichen Verkehrsregeln einigen konnten. Mein durch die Hitze ausgedörrtes Gehirn wurde durch die vielen Geisterfahrer noch zusätzlich arg strapaziert und als dann Svenni unser neues Auto nicht die steile, fast unzugängliche Hofeinfahrt rauffahren wollte riss mir endgültig der Geduldsfaden und ich schrie alle an.

16.00 Uhr

Ich räume ein, mich ein wenig zu arg aufgeregt zu haben und bitte Tinchen auf Knien um Verzeihung. Sie macht das Gleiche und so knien wir dann beide auf dem Boden voreinander. Schnell ist der Streit beigelegt und wird von Grunde auf fachmännisch analysiert. Das Ergebnis stellt restlos alle Zufrieden, auch die Kinder die der Verzweiflung nahe waren lachen wieder, und von nun an haben wir uns alle wieder lieb.

17.00 Uhr

Der Traumstrand ruft und wir gehorchen, heute bewaffnet mit Kamera und Taucherbrillen. Im Handumdrehen sind die 300m Strand digitalisiert in der Canon IXUS archiviert und man hat sogar noch Zeit ein wenig zu schwimmen.

18.00 Uhr

Die Party mit Tinchen`s alten Freunden rückt näher. Wir vergessen die Kinder mit Nahrung zu versorgen und schnell vergessen die Kinder Hunger zu haben. Geht doch.

Nach dem duschen und ein - zwei Runden Carib zum Anheizen gibt Ann-Catherine noch einen Klasse-Witz zum Besten: Treffen sich ein Stein und ein Brett, fragt das Brett den Stein "was bist du denn? sagt der Stein " ich bin Ein-Stein" da sagt das Brett "wenn du Einstein bist, dann bin ich Brett Pitt! Muahahaha

20.15 Uhr

Wir kommen als letzte Gäste auf unsere eigene Party ins Black&White, der Bar, Disco, Billardhalle und so weiter im Ort, nachdem Inan uns eine halbe Stunde zuvor, ohne Erfolg, versucht hat im Ort ausfindig zu machen. Die Freude ist grenzenlos als er uns sieht. Er schreit und jubelt und ich merke dass er zum Anheizen wohl eher schon zwei - drei Flaschen Rum getrunken hat. Während der kurzen aber herzlichen Begrüßung vertraut mir Inan sein gesamtes Bargeld an: 2 TT$ umgerechnet 20 europäische Cent. Welch ein Vertrauen. Es stellt sich heraus, das er dieses Geld gegeben hat um gegen mich am späteren Abend im Billard zu verlieren. Die Bar ist echt Partymäßig beleuchtet, mit Schwarzlicht und allem und wirklich lauter Reggae-Musik. Wir bestellen die erste Runde Stag und heute überreicht uns Lanny Kravitz höchstpersönlich die Flaschen. Keine große Überraschung mehr für mich. Es gibt aber auch wirklich beeindruckend hübsche Menschen, so kamen Svenni und ich überein. Lanny also ist so einer: ebenholzschwarze Haut, ist wahrscheinlich so um die vierzig sieht aber aus wie 20, schneeweiße gerade Zähne, ein Ultra-Gepflegten Kinn- und Oberlippenbart und lange, extrem kultivierte Rasta-Zöpfe. Dazu ca. 1,80m groß und eher Model-Athlet als Bratwurstexperte. Nachdem ich Svenni irgendwann wieder aus seiner Gegenwart loseisen konnte, lernten wir Christina kennen, eine der besten Freundinnen von Tinchen. Sie ist aber auch ne Gute. Hat sich den ganzen Abend um die Kids gesorgt, Pommes mit Ketchup klargemacht, alle ins Herz geschlossen und nur eine Flasche Rum getrunken, den ganzen Abend. Die weiteren Bekannten konnte ich mir im Verlauf des Abends nicht alle namentlich merken. Aber durch die Bank, alles offene, Freundliche und gesprächige, nette Menschen. Ein tolles Land. Mit irgendeiner Form von Pauschaltourismus wären wir nie und nimmer in diesen Familienzirkel aufgenommen worden.

21.30 Uhr

Ich spiele Billard mit Inan. Inan hat während der vergangenen anderthalb Stunden geschätzte 4 Liter Rum getrunken und sieht auch so aus. Billard ist aber ein Spiel in dem es auf motorisches Feingefühl ankommt, und genau dieses bleibt bei übermäßigem Alkoholgenuss manchmal auf der Strecke. So war es auch. Wenn Inan mal nicht an der weißen Kugel vorbeigestochen hat, war die gewählte Laufrichtung völlig Ineffektiv. Zwischenzeitlich lief er auf der Suche nach seinem Gleichgewicht, wie der Butler bei Diner-for-one in 45° Schräglage um den Tisch. Ich hab 3-mal gegen ihn gewonnen und hatte dann ein schlechtes Gewissen. Aber was soll`s, mal gewinnt man, mal verliert man.

22.00 Uhr

Beetlejuice betritt die Bühne, Inan`s kleinköpfiger bester Freund. Der hatte echt `nen kleinen Kopf. Wie ein Tennisball. Melina hat gefragt: Papa, warum hat der Mann so einen kleinen Kopf? ich wusste keine echt passende Antwort, also hab ich irgendwas von Sauerstoffmangel während der Geburt und so erzählt. Aber er sah auch irgendwie niedlich aus damit. Beetlejuice hat dann noch eine Runde Billard mit Inan "gespielt". Donnerwetter, was für eine Partie. Ich will nicht näher drauf eingehen, weil ich niemanden verletzen will. Das Spiel dauerte fast eine Stunde.

23.00 Uhr

Charleston fordert mich heraus, gegen ihn Billard zu spielen. Charleston fiel mir vorher schon auf, weil er mich an Werner-Beinhart erinnerte. Er hieß für mich und Melina allerdings vorher Strumpfhosen-Monster. Charleston verbirgt unter dieser Strumpfhose, die in Wirklichkeit wohl der absolute Modetrend ist, seinen wahrscheinlich tadellos gepflegten Rasta-Zopf. Trotzdem sieht seine Silhouette aus wie der Kopf von Werner mit der dicken Nase vorne dran. Ich gehe auf die Herausforderung ein und merke schnell dass mein Gegenüber ein außergewöhnlich talentierter Billardspieler ist. Wahrscheinlich schläft er nachts auf diesem Tisch. Nach kurzer Zeit wird klar, das ich hier ein ums andere Mal das Nachsehen haben werde, aber so ist das, mal gewinnt man, mal verliert man.

Charleston war nicht nur ein guter Billardspieler, sondern auch ein richtig netter Kerl, der sich zwar alle 10 Minuten einen XXL-Joint voller Gras gedreht hat, und mich ständig zum mitrauchen überreden wollte, aber ein gutes Beispiel für die freundliche Mentalität der Tobago Einwohner. Inan machte wenige Minuten nach meiner letzten Niederlage gegen Charleston noch einmal auf sich Aufmerksam, als er voll wie ein Eimer die Tür zur Bar um gute drei Meter verfehlte, und kopfüber seitlich neben der Küchentür, in die Wellblechwand stürzte.

24.00 Uhr

Der Abend war Super und alle sind müde und dicht genug um endlich den wohlverdienten Schlaf anzutreten. Nach einem ganz kurzen Nickerchen auf der Veranda, habe mich die Damen dann doch noch irgendwie überreden können ins Bett zu gehen.

Gute Nacht Tobago !!!

27

**Day 4**
**Donnerstag 30.07.2009**

08.00 Uhr
Der Donnerstag stand ganz im Zeichen der Durchschnittlichkeit. Bis
Acht ausgeschlafen und dann gemerkt, dass ich nach dem
vorausgegangenen Party-Abend die ganze Bude kurz und klein
geschnarcht habe. Jedenfalls war ich alleine im Zimmer und mein
linkes Nasenloch war leicht verstopft. Ein für mich untrügliches
Zeichen das ich eventuell ein bisschen lauter geatmet habe.
09.00 Uhr
Während des Frühstücks, nach dem gestrigen Einkauf nun wieder mit
leckerem Cafe-Brasil, belächelten wir gemeinsam noch einmal die
Party-Höhepunkte.
09.30 Uhr
Tinchen vergreift sich am Schrubber-Stiel, und fällt wie eine Furie über
unser gesamtes Mobiliar her. Die, durch viele Südsee-Sommer schwer
in Mitleidenschaft gezogenen Möbelstücke, geraten kurzzeitig in
Gefahr, im Trommelwirbel der umherfliegenden Putzlappen zu
zerbrechen.
09.45 Uhr
Nach getaner Arbeit, steht Tinchen mit zersausten Haaren auf der
Veranda und sagt: Ich schwitze so wie ich noch nie im leben
geschwitzt habe, und stinke wie fünf Mulatten im Schweinestall.
10.00 Uhr
Die Kinder vollenden ihr 80. Palmenbild.
10.30 Uhr
Wir treffen am Strand ein um uns heute in der prallen Mittagshitze mal
tüchtig zu verbrennen. Außer mir natürlich, ich bin nämlich schlau und
setze mich wenn mein Schatten kleiner wird immer unter die Palmen.
12.00 Uhr
Ich konnte keine Warnhinweise vor Sonnenbrand ausrufen, weil ich
kurzzeitig unter den Palmen eingeschlafen bin und somit die farblichen
Veränderungen meiner Miturlauber nicht rechtzeitig bemerkt habe. Als
ich aufwachte, dachte ich, ich wäre alleine am Strand. Svenni, Tinchen
und die Kinder hatten sich in vier knallrote große Hummer verwandelt.
12.15 Uhr
Die vier großen Hummer sitzen im Meer und lachen über das Thema
"Stuhlgangproblematik in heißen Urlaubsländern"
15.00 Uhr
Sonne tanken am Strand fällt heute Nachmittag aus. Selbst Svenni gibt
zu das sie wohl einen leichten Sonnenbrand hat.

16.00 Uhr
Die Kinder spielen "Pferd" auf der Wiese vor dem Haus. Beim
beobachten denke ich, die Kinder sind hier Zuhause.
17.00 Uhr
Wir finden in unserem Apartment eine hinter einem Vorhang versteckte
Tür. Wir öffnen sie und stehen fast mit den Füßen im Meer. Eine
Aussicht wie gemalt. Ohne störende Palmen oder Häuserecken. Ab
sofort befindet sich die neue Versammlungszentrale hinter dieser Tür.
Wir lassen direkt ein paar Carib-Korken knallen und heißen die neue
Veranda Nummer 2 Herzlich Willkommen.
18.00 Uhr
Während die Kinder auf der Wiese jetzt mit alten umherliegenden
Bewährungseisen spielen, schreibe ich ein wenig und höre dem
munteren Topfgeklapper in der Küche zu.
Heute kocht Tinchen eine einheimische Spezialität: Reis an Rindfleisch
mit Shadon Beni Shutney Sauce. Die Kinder fangen nach dem dritten
Löffel an zu weinen, weil das Essen etwas scharf ist.
20.00 Uhr
Veranda Nummer 2 ist unsere spirituelle Zufluchtstätte für den
heutigen Abend. Nachdem ich Mariellas 120 Kg schweren
Großbildfernseher die Holztreppe hoch und dann in Ihr wirklich
beeindruckend geschmackvoll eingerichtetes Wohnzimmer getragen
habe, sitzen wir alle beisammen und diskutieren die politische Lage in
Trinidad & Tobago. Nachdem uns Mariella eröffnet das Trinidad einer
der gefährlichsten Orte der Karibik ist, beschließe ich keinen Fuß auf
die Schwesterinsel zu setzen. Unsere Gastgeberin stellt die
wachsende Besorgnis in meinem Gesicht fest, und lädt mich ein auf
ihrer Veranda die Nachmittage in der Hängematte zu verbringen. Ich
muss das Biest nur irgendwie vorher an den mir zu dünn
erscheinenden Balken befestigen.
22.45 Uhr
Die Kiste Bier die wir vor Wochen im Penny-Saver gekauft haben ist
alle. Ab sofort wird Caipirinha mit frischen einheimischen Limetten, und
echtem jamaikanischem, braunem Rohrzucker getrunken.
23.45 Uhr
Gute Nacht Tobago !!!

**Day 5**
**Freitag 31.07.2009**

07.45 Uhr
Der Tag startet sonnig und heiß, wir haben viel vor, deswegen esse ich
die doppelte Portion amerikanische Spezialkornflakes, bestehend aus
aufgeschäumten Reiskörnern, blauem Farbstoff Nr.4 und rotem
Farbstoff Nr.7. Die weiteren Bestandteile sind geklontes Sojamehl und
90% Zucker.
08.00 Uhr
Nach dieser gesunden Stärkung sind wir bereit für den Tag. Als erstes
stellt uns, Hurra, Mariella ihre Waschmaschine zur Verfügung, eine
Kelvinator 2 Automatic Clothes Washer Bj. 1904 mit 180 Liter
Fassungsvermögen. Der Korpus der Maschine ist vom Zahn der Zeit
nicht verschont geblieben und der hohen Luftfeuchtigkeit wegen fast
bis zur völligen Unkenntlichkeit verrostet. Faustgroße Löcher Ringsrum
lassen mich vermuten dass hier das Wasser nicht lange in der
Maschine bleibt. Pustekuchen. Nachdem ich den Eimer in alter
Schlossermanier mit dem Stromnetz und der Wasserleitung verbunden
habe (war ohne Werkzeug gar nicht so einfach) schnurrte der Apparat
wie ein Kätzchen los und wusch den ersten Schwung unserer Wäsche
ohne zu kleckern. Die Wäsche war hinterher nicht etwa sauber, roch
aber wieder frisch.
10.00 Uhr
Wir sitzen alle im Auto auf dem Weg nach Plymouth. Ursprünglich
saßen wir im Auto auf dem Weg nach Scarborough, haben aber
Norden und Süden der Insel verwechselt. Tinchen klärt den Vauxpass
auf und erklärt sie wolle Svenni auf die Verkehrssituation in
Scarborough und seine engen Strassen in Ruhe vorbereiten.
Wo wir jetzt schon mal hier sind, besuchen wir Papa, Tinchen`s
Ersthelfer Anfang der Neunziger und spiritueller Wegbegleiter über
viele Jahre. Papa ist ein echter Tobagojaner. Um die 70, grauer Rasta
unter einer braunen Wollmütze, blaue Dreiviertel-Jeans 4 Nummern zu
groß, dazu ein graues T-Shirt im XXXL Format.
Papa ist ca.1,50m groß und dünn. Mir ist er auf Anhieb sympathisch.
Er "wusste" irgendwoher, dass er heute Besuch bekommen würde,
und blieb deswegen Zuhause. Manche Menschen haben wohl echt so
was wie einen siebten Sinn. Wir reden und verabreden uns für
übermorgen also Sonntag, mit Schwiegersohn Clyde, Tochter Asha
und weiteren Familienangehörigen. Papa zeigt uns noch alte
Familienfotos, die er aus einem Koffer unter seinem Bett hervorkramt,
ich mache von ihm und uns und von seinem Anwesen ein paar Bilder
und schon geht`s "weiter" nach Scarborough.

31

11.30 Uhr

Nachdem wir die Insel 3-mal umrundet haben treffen wir in Scarborough ein. Svenni parkt den Nissan im Grimaldi, einem der größten und bekanntesten Mondkrater. Jedenfalls sieht der Parkplatz so aus. Loch an Loch und hält doch. Scarborough ist die Hauptstadt der Insel Tobago, die gemeinsam mit Trinidad den Inselstaat Trinidad und Tobago bildet. Die Hauptstadt des Inselstaats ist Port of Spain in Trinidad. Scarborough, im Südwesten Tobagos an der Rocky Bay gelegen, ist Sitz der Inselverwaltung und der einzige Handelshafen. Von den rund 50.000 Einwohnern der Insel leben etwa 20.000 in Scarborough. Damit ist sie vor Roxborough die größte Stadt Tobagos. Und in Anbetracht der Tatsache das alle 50m ein Straßenverkäufer seine Bob Marley Cd´s verkaufen will und dies mit unirdisch lauten Stereoanlagen anpreist, wohl auch die lauteste.

12.00 Uhr

Wir erreichen die Innenstadt zu Fuß und werden direkt von einem völlig verschwitzten Passanten angesprochen. Es ist unglaublich wie redselig und freundlich die Menschen hier sind. Er erzählt uns direkt dass er jetzt Feierabend macht, zeigt uns eine dicke Rolle Geldscheine und fragt mich ob ich mit ihm seine kleine Rum-Flasche leertrinken will. Ich lehne dankend ab und wir reden noch ein Weilchen über dies und das. Er ist ein Einzelkind und lebt alleine in Scarborough ohne Frau oder Freundin und hat deswegen dicke Schwielen an der rechten Hand. Was soll uns das sagen? Ferkel!

Wir verabschieden uns und gehen dann unserer Wege. Der Markt in Scarborough ist unser erstes Ziel. Ca. 250 aus bunten Zeltplanen bestehende Buden bilden ein farbenprächtiges Spektakel der besonderen Art, und die angebotenen Waren wecken sofort unsere Kauflust. Die Kinder werden in Bude 68 zuerst fündig und erstehen für umgerechnet 2 Euro jeder ein Paar blaue Flip-Flops. Svenni macht ein noch größeres Schnäppchen und kauft am Stand 142 zwei Ed-Hardy Shirts für knappe 13 Euro. Schnell wird auch der Michel fündig und greift ein rosa-weißes Glitzer-Shirt ab. Einzig Tinchen hat mit ihren Schuhen etwas Pech, erst am späten Abend aus der Verpackung geholt und dann gemerkt das die Schuhe 3 Nummern zu klein sind.

13.30 Uhr

Völlig verschwitzt und hungrig wie ein Rudel Wölfe kehren wir im Kentucky Fried Chicken ein, einem McDonalds-Klon in der Innenstadt. Melina`s Wunsch nach einem Chickenburger wurde aus Gründen der Einfachheit des Bestellvorgangs übergangen: Five French-Fries and Five Pepsi-Orange. Zack. So einfach wird hier bestellt. Die Aussicht auf keinen Chickenburger löste bei Melina einen mittelschweren Tobsuchtsanfall aus.

Die Delikatessen waren keine. Der O-Saft hat geschmeckt wie Zahnpasta und die Mayonnaise sah aus wie weißer Wackelpudding. Die Pommes waren ganz gut. Allerdings waren die meisten Kartoffeln wohl vorher schon am keimen.

14.15 Uhr

Nach dem Essen bummelten wir noch ein wenig über den Markt und durch die Einkaufsmeile der Stadt. Nachdem wir mit einer weiteren Inselfamilie Freundschaft schlossen (Mit Gruppenfoto und God bless you zum Abschied) lernten wir Virginia kennen, jedenfalls kam sie da her. Sie verkaufte uns Röckchen und Tops für die Kinder und auch ich fand noch eine nette Shorts. Tinchen wurde langsam skeptisch ob sie noch fündig werden würde. In einer Edelboutique wurde dann aber ihr Traum von einem Kleid in Orange war.

16.00 Uhr

Glücklich aber auch ein wenig müde machten wir uns auf den Heimweg. Svenni dachte wohl die ganze Zeit an ihre neuen Ed-Hardy Shirts und wurde zwischenzeitlich zum Geisterfahrer. Dabei ist doch nix dabei wenn man mal ne Kolonne Feierabend-Pendler auf dem Autobahnzubringer von der falschen Seite aus begrüßt.

17.15 Uhr

Schnell noch ein kleines Kistchen Bier im Penny-Saver für den Abend gekauft und dann Heim. Nix da. In einer idyllischen Bucht 2 Km von unserem Haus entfernt, hat Fischers Fritz seine Zelte aufgeschlagen und bringt seine geangelten Kameraden an den Mann. Svenni und Tinchen wollen Parken, dann weiterfahren, dann parken, weiterfahren, parken........ kaufen dann zwei tote Fische die in meinen Augen noch sehr lebendig aussehen.

17.35 Uhr

Die provokante Abfahrt zu unserem Haus wird heute, dank diesmal mitdenkender Verkehrsteilnehmer ohne Diskussionen gemeistert. Svenni wurde schon leichtsinnig ob dieses Erfolges und spielte mit dem Gedanken die gefährliche Hofeinfahrt doch `mal zu probieren. Keiner der 4 anwesenden Fahrgäste wollte das, also trugen wir die Einkäufe zu Fuß hoch.

18.00 Uhr
Bei meinem ersten Stag des Tages schau ich von der Veranda
Nummer 2 zu wie die Kinder Pferd spielen. Die Frauen bauen sich in
der Küche auf und bringen die Fische in der Pfanne um.
20.00 Uhr
Die Kinder surfen auf YouTube anstelle den wundervollen Abend auf
der Terrasse zu genießen. Zwischenzeitlich tanzen sie sogar zu
Usher`s Yeah. Die fühlen sich hier echt schon wie Zuhause.
21.00 Uhr
Mariella gesellt sich zu uns und ich bin überrascht das ich heute Abend
keine schweren Gegenstände die Holztreppe Hochtragen soll. Wir
diskutieren über Amerikas Präsidenten der vergangenen Jahre. Wer
war ein guter Präsident und wer ein schlechter? Gibt es gute und
schlechte Marionetten?
23.45 Uhr
Ich schlafe schon und die Frauen lachen mich aus wie ich im Bett
neben meinem glatzköpfigen Kuschelclown Michel liege.
Gute Nacht Tobago !!!

**Day 6**
**Samstag 01.08.2009**

08.45 Uhr
Nach dem Aufstehen bei unserem allmorgendlichen Frühstück, heute
mit leckeren Erdbeermarmeladebroten, zogen wir über die Gier
tibetischer Mönche her. Tinchen verfügt über ein breites
Allgemeinwissen was die verschiedenen Weltreligionen angeht.
10.30 Uhr
Die, die noch keine Brandblasen auf der Haut haben gehen zum
Strand.
11.30 Uhr
After te Bräkfäst wi oll wont to gou swimm a littel änd wotsch te bjutifull
fischs in te woter. Auch mein englisch ist schon deutlich besser
geworden in der vergangenen Woche.
12.00 Uhr
Nachdem der Streit um die einzige Taucherbrille mit "Nase" beigelegt
war, lernen die Kinder tauchen, man kann sich ja abwechseln. Svenni
schäumt heute über vor Kraft und trägt mich den ganzen Morgen
durchs Wasser.
12.30 Uhr
Wir haben unseren Sonnenbrand aufgefrischt, und drei Surfer dabei
beobachtet wie sie sich beinahe die Beine gebrochen haben. Zwei von
ihnen konnten das schon ganz gut, der dritte im Bunde der erst später
zu der Gruppe stieß war allerdings ein echter Rookie. Das war ne ganz
armselige Vorstellung. Und wehgetan hat`s bestimmt auch.
14.45 Uhr
Wieder Zuhause und den Fisch vom Vortag, jetzt richtig tot, und die
Nudeln von Vorgestern verspeist. Danach ein paar Tassen Kaffee und
ein bisschen geschrieben.
17.00 Uhr
Die heutige Langeweile und die pausierende Regenzeit zwingen mich
den Kühlschrank zu öffnen um eine kalte Flasche Stag zu probieren,
man kann ja nie wissen bei der Hitze, manche Lebensmittel werden
schneller schlecht als andere. Das Bier ließ sich aber noch gut trinken.

36

17.30 Uhr
Wir raffen uns noch mal auf um am Strand den Sonnenuntergang zu beobachten, treffen aber unterwegs Inan der uns vor "Banditen" warnt die ihr Unwesen an unserem Strand treiben sollen. Wir glauben ihm, gehen aber trotzdem. Am Strand treffen wir Alexander und zwei Freunde von ihm. Alexander ist dicklich, unrasiert und sieht aus wie ein echter Mexikaner ohne Sombrero. Seine beiden Freunde halten jeder einen dicken, böse aussehenden Rottweiler an einer in meinen Augen viel zu filigranen Leine. Sind das die Banditen vor denen uns Inan gewarnt hat? Alexander kommt auf mich zu und erzählt mir von der bevorstehenden Ankunft der Schildkröten auf der Insel und dem Schlüpfen der Babies. Die beste Zeit wäre zwischen acht und zwölf Uhr abends. Meine Alarmglocken fingen an zu klingeln, als ich mir vorstelle im Dunkeln mit den Frauen und Kindern den Strand zu teilen mit Alexander, seinen beiden Freunden und den Rottweilern. Alexander erzählt uns dann, das der beste Platz zum beobachten der Schildkröten, vor der bewachten Grafton-Hotelanlage wäre. Das sich dort jeden Abend dutzende von Schaulustigen, inklusive einer schottischen Schulklasse auf Exkursionsreise, am beleuchteten Strand, versammeln um sicher dem Naturereignis beizuwohnen. Doch ein netter Kerl.
19.00 Uhr
Dem üppigen Mittagessen sei Dank haben wir keinen Hunger und gehen lieber gleich ins Black&White zum Billard spielen. Die Kinder essen eh lieber Kartoffelchips als scharfes einheimisches Essen oder Fisch.
21.00 Uhr
Tinchen schwelgt mit Junior, einem alten kiffenden Bekannten, in der Vergangenheit, und geht dann beflügelt durch den hastigen Genuss von 4 Flaschen Stag los, um die halbverrostete Kinderschaukel vor der Pizzeria an ihre Belastungsgrenze zu bringen.
22.30 Uhr
Tinchen und ich sitzen auf der anderen Straßenseite bei Marlon und versuchen einen Termin für sie beim okkulten Medizinmann auszuhandeln. Ich verstehe nur die Hälfte und bin zufrieden mit der lauen Nacht und unserem Hiersein.
23.00 Uhr
Wir gehen Nach Hause. Melina schläft und ich beschließe kurzerhand meinen schlafenden Engel den steilen Berg Hochzutragen. So klein und niedlich sie auch sein mag, den Berg hoch fühlt sie sich an wie ein Seesack voller Bowlingkugeln.
Gute Nacht Tobago !!

**Day 7**
**Sonntag 02.08.2009**

08.00 Uhr
Heute haben wir ein volles Programm. Wir wollen eine Inselrundfahrt machen, die legendären Wasserfälle sehen, Papa abholen, Baden und tauchen gehen und Clyde besuchen. Die Vorfreude weckt mich als ersten und ich frühstücke alleine auf der Veranda mit 834 Mücken die mir einen geschätzten Dreiviertelliter Blut abzapfen.

12.30 Uhr
Wir kriegen kein echtes Tempo in die Reisevorbereitung und sitzen jetzt immer noch zu meinem Leidwesen im Esszimmer rum. Tinchen liest Svenni aus der Bibel vor. Der Autor des dicken Buches hatte nur den kleinen Humor dabei, alle Witze waren entweder alt oder nicht lustig.

13.30 Uhr
Endlich. Die Reise beginnt, schnell bei Papa vorbeifahren, weil seine Handynummer verloren ging, und ihm Bescheid sagen wann er abgeholt wird, und dann zur ersten Etappe unserer Rundfahrt: Die Coral-Bay, das Taucher-Paradies. Wir entscheiden uns Unwissenderweise für die neue Zufahrt zur Bucht. Neu bedeutet in dem Fall das die Straße später geplant war als die erste, aber nie fertig gestellt wurde. Die Abfahrt fühlte sich an wie eine Fahrt die Sommerrodelbahn am Edersee runter. Kein Asphalt und stellenweise zu schmal um mehr als ein halbes Auto passieren zu lassen.

14.00 Uhr
Unser Auto scheint unversehrt und wir erkunden den wunderschön angelegten Garten des Dingsda-Hotels. Wenn Bambus immer so groß wird wie hier, mach ich den bei mir im Garten wieder ab. Der Hoteleigene Pool sah allerdings sehr verlockend aus. Mit Cocktail-Bar als Insel in der Mitte.

15.00 Uhr
Die Kinder spielen "wenn ich nicht die Taucherbrille mit "Nase" bekomme, fang ich an zu flennen". Kurzerhand nehme ich den Gegenstand ihrer Begierde an mich und tauche zwischen den atemberaubensten, buntesten Fischen und Korallen ca. 50m von der Küste entfernt in bis zu 8m Tiefe durchs Meer. Himmlisch, oder in dem Fall, Meerlich.

16.30 Uhr

Ich werde unleidlich. Die Uhrzeit lässt mich befürchten dass die Inselrundfahrt scheitert. Also alle schnell ins Auto, Papa abholen und dann Clyde besuchen, der direkt um die Ecke wohnt. Der Begriff um die Ecke stammt auf dieser Insel zweifellos aus der Raumfahrt. Mit Papa im Auto, der die letzten 20 Wochen keine Dusche mehr gesehen hat, und auch so roch, fuhren wir zu Clyde. Wir fuhren über eine Stunde durch unwegsames Gelände und erklommen Berge, die sonst nur Kletterspezialisten wie Rheinhold Messner mit schwerem Sauerstoffgerät bewältigen. Aber die Fahrt lohnt sich. Clyde wohnt in Mason Hall auf dem vielleicht höchsten Gipfel, mitten in den Highlands der Insel, einem 360° Rundblick über die Berge der Insel und aufs Meer. Clyde ist ein Obst.- und Gemüsebauer, er pflanzt Bananen, Kasawa-Knollen, Süßkartoffeln, Mangos und alle möglichen anderen einheimischen Früchte an. Sein Grundstück reicht auf einer Breite von gut 50 - 60m vom Gipfel bis ins 500m entfernte Tal. Nachdem wir uns alle herzlich begrüßt haben, schält uns Clyde einen frisch geernteten Stamm Rohrzucker, und hackt diesen in handliche Stücke. Lecker. Es fühlt sich an als ob man frisches Holz isst, schmeckt aber in etwa wie Zuckerwasser. Die Ausgenuckelten Holzreste werden ausgespuckt. Auf Tobago sieht anscheinend jeder 20 Jahre jünger aus, als er mir sagt er wäre 54 Jahre alt, war ich zum wiederholten Male sehr überrascht.

19.15 Uhr

Die Gastfreundschaft und die optischen Eindrücke lassen uns jedes Zeitgefühl vergessen. Wir müssen aber in Anbetracht der Tatsache, dass es mittlerweile dunkel auf der Insel ist, und Svenni die Strapazen der Herfahrt nur zu gut noch in Erinnerung hat, aufbrechen. Wir verabschieden uns von Clyde und seinen beiden Söhnen, und laden haufenweise Gemüse in den Kofferraum (die Kinder hätten Papa auch gerne im Kofferraum gehabt. Ihre Nase ist doch feiner als meine) und beginnen die Heimreise.

20.00 Uhr

Unser Navigator, Papa, verliert nach der 60. Kreuzung die Orientierung und wir drohen in dem Gewimmel aus kleinen Ortschaften, Kreuzungen und Urwald verloren zu gehen. Nach einer weiteren halben Stunde glaubt Papa eine Kreuzung wiederzuerkennen. Wir sind wieder auf Kurs und meine Angst eine Nacht mit ihm in diesem kleinen Auto zu verbringen, verfliegt.

21.45 Uhr

Nachdem Papa zuhause abgesetzt wurde und wir uns noch einmal leicht verfahren hatten, erreichen wir unser Zuhause.

21.50 Uhr
Mariella zeigt uns was ein echter Kammerjäger ist und schlägt mit ihrem leichten Sommerschuh einer Mülleimergroße Kakerlake tot. Die Sauerei die sie dabei veranstaltet ist ekeleregend. Die Eingeweide des bedauernswerten Geschöpfes, verteilen sich im gesamten Flurbereich zu Tinchen`s Badezimmer.
22.15 Uhr
Svenni und ich holen Pizza, im Pizza-Boys. Wir haben nur noch Klein und Groß, Medium ist alle, sagt die leicht Angenervte Verkäuferin hinter der Ladentheke. Uns egal denk ich und bestelle klein für die Kleinen, und groß für die Großen. Während wir auf die Leckereien warten, schauen wir den streunenden Hunden beim spielen zu. Ein viel zu großer Rüde hat Lust auf die viel zu kleine Hündin. Seine Versuche die auf dem Bauch liegende, von seinen Bemühungen gelangweilte Hündin, mit den Vorderpfoten in Aktionsreichweite zu drehen, scheitern, zur allgemeinen Erheiterung der anderen wartenden Gäste. Die fünf Pizzen sind irgendwann fertig und wiegen gute acht Kilogramm zusammen, haben aber den steilen Berg hoch das doppelte Gewicht. Gott sei Dank trägt Svenni den Sixpack Stag den wir schnell noch im Black&White kaufen.
23.00 Uhr
Irgendwie sind wir heute alle ein bisschen müder als sonst. Der Caipirinha für die Damen bringt da auch keine Wende mehr rein, und mein von der Anspannung im Fond des Nissan, beginnender Muskelkater lässt mich nun die Bettruhe suchen.
Gute Nacht Tobago !!!

**Day 8**
**Montag 03.08.2009**

08.00 Uhr
Die Nacht ist zu Ende. Heute ist Rollentausch angesagt. Ich mache den Haushalt und die Kinder, Die Frauen machen nix.
09.00 Uhr
Ich decke den Tisch und koche Kaffee für alle, ohne nennenswerte Beschädigungen an der Apartmenteinrichtung zu verursachen. Das Frühstück hat schon mal geklappt.
10.00 Uhr
Svenni und Tinchen fahren nach Plymouth um Papa zu besuchen und überlassen mir das Haus und die Kinder, mit dem Vermerk ich soll mich wenn´s geht noch um die Wäsche kümmern. Gesagt, getan, und Papa Michel legt los, die Bude auf Vordermann zu bringen. Als erstes mal ganz entspannt `n Käffsche trinken und die Vorgehensweise überdenken. Nur keine Eile, Rom wurde auch nicht an einem Tag erbaut.
11.00 Uhr
Die rostige Waschmaschine wurde als erste Hürde auserkoren. Bei der Svenni lief der Trümmerhaufen immer nur ne halbe Stunde, das erschien mir für eine amerikanische „Kelvinator 2", selbst im Kurzprogramm mit mittlerer Wassermenge, zu kurz. Ich unterstellte ihr im Geiste sofort diverse Bedienfehler. Ich ging die Sache dagegen mit technischem Sachverstand und Logik an. Wasser? Angeschlossen, und Hahn auf. Check. Stromzufuhr? Angeschlossen. Check. Wäsche? Drin. Check. Waschpulver? Auch drin, und besser ein bisschen mehr als zu wenig. Check. Schalter auf ON und losgeht`s. Wollen wir doch mal sehen, wer hier die saubersten Resultate erzielt.

11.10 Uhr

Ich trinke gerade ein Schlückchen Kaffee, als die Maschine keine Geräusche mehr produziert. Was ist jetzt los? Gerade mal 10 Minuten am laufen und schon fertig? Bin ich einfach nur schneller oder einfach nur dümmer? Ein Blick in die geöffnete Maschine zeigt mir, das die Wäsche immer noch schön trocken, mit all dem Waschpulver drauf, allerdings diesmal am Rand der Trommel liegt. Was nun? Ich schaue mir noch mal die Wahlschalter für Wassermenge und Waschprogramm an und entdecke eine Markierung auf dem Handrad für die Waschprogrammwahl. Haha. Dann hat`s wohl eben nur geschleudert. Jetzt noch schnell die ägyptischen Hieroglyphen auf der Wahlscheibe richtig deuten und los geht er der Peter. Diesmal schleudert die Maschine nicht gleich wild drauf los, am gluckern kann ich deutlich hören dass sich der Behälter vernünftigerweise erst mit Wasser füllt. Wie auch immer das hier ausgehen mag, die Wäsche ist schon mal nass.

12.00 Uhr

Nachdem die Betten abgezogen sind, die Böden gefegt, abgewaschen, das Mobiliar nach meinen Vorstellungen neu arrangiert und beide Veranden auf Vordermann gebracht wurden, Wäsche aufgehängt und eine zweite Maschine angestellt wurde, bin ich klatschnass geschwitzt. Ich schwitze schlimmer als im Flugzeug. Aber es hat sich gelohnt. Die Frauen kommen gegen halb Zwei wieder und weinen vor Freude weil alles glänzt und blitzt. Gekonnt ist eben gekonnt.

14.00 Uhr

Alle außer Tinchen gehen an den Strand. Sie möchte keinen dreifachen Sonnenbrand und liest den Nachmittag auf der Veranda.

16.00 Uhr

Das Baden wird mehr und mehr zur Entspannung. Wir sind alle gut durchgebräunt (ich selber hab mich heute Morgen im Spiegel freundlich begrüßt, weil ich dachte mir steht ein Einheimischer gegenüber) und können ohne Angst vor weiteren Sonnenbränden im Wasser plantschen.

16.30 Uhr

Wir müssen nach Hause weil wir uns Tinchen`s altes Haus heute Nachmittag anschauen dürfen, bekommen aber beim zusammenpacken unserer Strandsachen noch Besuch von einem europäisch aussehenden Surfer inkl. Brett unterm Arm, einem niedlichen Golden Retriever und seiner Begleiterin. What`s up, fragt er mich. Ich antworte: Thank you, you too.

Mein Englisch wird echt immer besser. Ich gebe jetzt schon hübsch ausgesprochene Antworten, wenngleich sie mit der Frage noch nix zu tun haben.

17.00 Uhr

Die Hausbesichtigung findet erst um 18.00 Uhr statt, also haben wir noch ein bisschen Zeit für Kaffee und quatschen auf der Veranda.

17.15 Uhr

Der Zwillingsbruder unserer Katze Findus taucht auf unserem Grundstück auf. Wie niedlich. Nur eine Nuance dunkler am Rücken aber sonst gleich. Eine der wenigen Katzen auf dieser Insel die wir bisher zu Gesicht bekamen. Aus lauter Freude, endlich wieder ein heimisches Tier zu sehen, vergesse ich, dass man hier keine wild lebenden Tiere anlockt. Der nach kurzer Zeit gut als Kater erkennbare Prachtbulle von Katze, kommt meinem Ruf nach und aalt sich sogleich auf Höhe unserer Veranda in der Sonne. Mein Gott hat das Tier Mörderklöten. Wie zwei schwere Kokosnüsse hängen diesem Untier die beiden Keimdrüsen unter dem Hintern. Sein nun neu gefundenes Revier pinkelnderweise ablaufend, läuft dieser Kater schnurgerade auf das Gehege von Brutus und Poseidon zu. Keine Ahnung wer hier die Oberhand behalten soll, sollte es zu einem Kampf kommen.

18.00 Uhr

Wir durchwandern Tinchen`s ehemaliges Zuhause. Eine echte Perle dieses Haus. Ein riesiger, luftiger Wohn/Essbereich mit ehemals gut 5m Firsthöhe, in zwei Richtungen auf eine riesige durchgehende Veranda führend, mit Blick aufs Meer. Ein großes komfortables Badezimmer und ein mehr als geräumiges Schlafzimmer. Selbst Tinchen`s alte Selbstbemalte Blumentöpfe zieren noch die Veranda der neuen Bewohner. Leider wurden einige Teile des Hauses beim Erdbeben 1997 beschädigt.

18.30 Uhr

Wir haben alles gesehen und uns für die Gastfreundschaft bei den neuen Besitzern bedankt als uns auf der Zufahrt des Hauses Clark Kent begegnet, der bürgerlichen Tarnidentität von Supermann. Svenni rinnt bei seinem Anblick spontan ein dicker Spuckefaden aus dem halboffenen Mund weil der Typ anscheinend ziemlich gut aussieht und wohl eher über keinen Bierbauch verfügt. Ich brauche beide Hände und mein ganzes Gewicht um sie weiter die Straße hinauf zu zerren.

19.00 Uhr

Nach einer kurzen Tracht Prügel kommt sie wieder zur Vernunft und wir gehen gemeinsam Limetten für den am Abend geplanten Caipirinha kaufen.

19.15 Uhr

In völliger Dunkelheit stehend, belade ich unsere Waschmaschine zum dritten Mal am diesem Tag mit Wäsche. Die wilden Tiere um mich herum warten wahrscheinlich nur auf ein Ausrutschen meinerseits, um mich in Ruhe vor der Waschküche fressen zu können.

20.30 Uhr

Ann-Catherine ruft: Mama, ich hab dir einen Stapel Bilder gemalt!!! Sie malt wirklich sehr schöne Bilder, aber das reicht ihr nicht. Sie möchte auch, was die Quantität ihrer Bilder angeht im Rennen mit Mimi die Nase vorn haben.

21.45 Uhr

Der Michel schmeißst beim Eiswürfel klein hacken, die dicke fastleere Flasche Old-Oak um. Es sind nur wenige Verschlusskappen des Gute-Laune-Beschleunigers in der Flasche verblieben. Also, rein in die Pantoffeln und noch mal runter in die Bar. Umgerechnete 13,- Euro für ne Bottle Rum ist kein Wucher.

22.45 Uhr

Echt müde!!!

Gute Nacht Tobago !!!

**Day 9**
**Dienstag 04.08.2009**

07.30 Uhr
Eine weitere Nacht endet jetzt. Svenni hat versehentlich nachts an der Fernbedienung für die Klimaanlage rumgefummelt und in unserem Zimmer herrschen gefühlte 11 Grad minus. Eine dicke Gänsehaut überzieht meinen Luxuskörper, und ich kann gar nicht schnell genug auf die Veranda laufen um mich in der Sonne aufzuwärmen. Tinchen sitzt derweil schon draußen bei einer dampfenden Tasse Kaffee und schwitzt sich die Seele aus dem Leib. Wie kann man bei der Kälte nur schwitzen denk ich mir. Nach Zehn Minuten bei 30 Grad weiß ich wieder warum.

08.30 Uhr
Die neuen Cornflakes "Honey Bunches of Oats" mit echten Erdbeeren sind ein Brüller und schmecken genauso gut wie sie auf der Verpackung aussehen. Ohne Farbstoffe aber dafür mit 9 Vitaminen und Mineralien. Heute starten wir sehr geschmackvoll und ausgewogen ernährt in den Tag.

10.30 Uhr
Wir lassen Tinchen in Scarborough vor Mariellas Restaurant "Salt&Pepper" raus, suchen und finden den öffentlichen Parkplatz „Grimaldi" und bummeln dann wieder mehrere Stunden durch die Metropole Tobagos. Die Herfahrt muss nicht gesondert erwähnt werden weil Svenni mittlerweile ein alter Hase im Linksverkehr ist. Wir bummeln also durch die Stadt, kaufen noch dies und jenes und genießen das bunte, chaotische Treiben auf und um die Marktbuden. Als wir gerade ins Kentucky Fried Chicken zum Mittagessen gehen wollen, läuft eine junge schwarze Frau auf uns zu und spricht uns an. Ich weiß jetzt, wir sind hier auf der Insel alle eine große Familie. Sie kommt also zu uns und erklärt, wie wir die schlimmen, aufgekratzten, entzündeten Mückenstiche behandeln sollen, wo wir die entsprechende Salbe kaufen können, das sie aus New York kommt und hier Urlaub macht und noch einiges mehr. Hier läuft niemand einfach so aneinander vorbei. Wer helfen kann hilft und wer Hilfe braucht bekommt geholfen.

14.00 Uhr
Ich will gerade Tinchen anrufen um sie zu fragen wann wir sie wo abholen sollen, als mein Handy klingelt. Tinchen ist dran und fragt ob wir sie vor dem Salt&Pepper abholen können. Unheimlich.

14.30 Uhr
Nach einer Woche härtester Tortur auf den Straßen Tobagos, ist unser Tank halb leer, oder halb voll, je nachdem. Hier bekommt man noch getankt. Der junge Tankwart bringt sich geschmeidig wie eine Katze in Position, kommt unserer Bitte, dieses Automobil mit Treibstoff zu befüllen nach, und schüttet uns 20 Liter Super-bleifrei ins Auto. Ich erleide einen mittelschweren Nervenzusammenbruch als ich auf die Rechnung schaue, 20 Liter kosten hier 53,-TT Dollar, das sind umgerechnet gerade mal Fünfkommabischenwas Euro. Das Wasser das wir hier immer kaufen kostet genauso viel. Noch Unheimlicher.

15.00 Uhr
Wir verlassen Scarborough für heute und hauen im Penny-Saver noch schnell 600 Takken auf den Kopf. Wir haben es jetzt eilig, weil heute Car-Rental-Tobago unseren Nissan um 18.00 Uhr wiederhaben will. Mist. Also husch-husch, alle Mann runter an Strand.

17.59 Uhr
Auf den letzten Drücker erreichen wir unser Haus und warten und warten und warten, aber niemand kommt um das Auto zu holen.

19.00 Uhr
Svenni macht ihr legendäres Wurstgulasch mit Nudeln. Mir läuft spontan das Wasser im Mund zusammen und ich weis mir nur dadurch zu helfen, dass ich den übermäßigen Speichelfluss mit einer Flasche Samba, einer von drei nachmittags im Penny-Saver erworbenen Sorte Bier, zu kontrollieren versuche. Es gelingt nach einer zweiten unmittelbar hinterher geschütteten Flasche Stag schlimmeres zu vermeiden. Das Auto steht immer noch an Ort und Stelle.

20.00 Uhr
Nach dem Essen wurde Svenni und mir eine exquisite Massage von Mims und Ann-Catherine verabreicht. Melina hatte es sehr gut mit mir gemeint, und eine halbe Flasche Nivea Body-Lotion auf meinem Körper verteilt. Erst in den frühen Morgenstunden des nächsten Tages setzte meine aktive Körperatmung über die Haut wieder ein.

21.00 Uhr
Melinchen versucht das Herannahen ihres 10. Geburtstages dadurch zu erzwingen, das sie sich einfach früher ins Bett legt.

23.00 Uhr
Die beiden Frauen ernähren sich weitestgehend von Limetten und Rum in irgendeiner Trägersubstanz wie O-Saft, Grapefruitsaft oder Wasser mit Kleingebröselten Eiswürfeln. Das Auto steht noch immer vor der Tür.

23.15 Uhr
Ich bin auch Hundemüde. Das Auto steht noch.
Gute Nacht Tobago !!!

**Day 10**
**Mittwoch 05.08.2009 Mimi`s Geburtstag**

07.00 Uhr
Wem wird schon das ungeheuerliche Glück zuteil seinen 10.
Geburtstag auf Tobago feiern zu können. Melina ist so eine
Glückspilzin. Und genau aus diesem Grund wacht sie vor lauter
Freude viel zu früh auf und fragt direkt: gibt`s die Geschenke vor oder
nach dem Frühstück.
08.15 Uhr
Wir haben es geschafft ihr über eine Stunde lang die Geschenke
vorzuenthalten. Erstmals wird nun einer ihrer Geburtstage nicht auf der
heimischen Couch auf Video aufgezeichnet, sondern vor exotischer
Kulisse auf der Veranda Nr.1. Leider, Regenzeitbedingt, mit einem
kurzen aber heftigen Monsunschauer im Hintergrund.
09.15 Uhr
Es kann ja nicht immer regnen. Um dem Gerangel um die
Taucherbrille mit Nase ein Ende zu bereiten, habe ich beschlossen
den Kindern jeweils eine eigene Nasenbrille zu kaufen. Die Freude ist
schier Grenzenlos.
09.30 Uhr
Unser Auto steht immer noch. Laut den Vermietungsunterlagen die
jetzt erstmals in Augenschein genommen werden, haben wir das Auto
gemietet bis Einschließlich 05. August 2009, 18.00 Uhr.  Kurzerhand
planen Tinchen und Svenni noch mal schnell nach Scarborough auf
die Bank zu fahren, vorher mit den Kindern im Supermarkt zu halten
um schnell die Nasenbrillen zu kaufen, und die beiden kleinen dann
hier vor der Tür wieder abzusetzen.
09.45 Uhr
Lange Gesichter blicken mich Verzweifelt aus dem Autofenster an. Die
Taucherbrillen mit Nase sind alle. Nur noch bunte Schnorchel. Super.
Wer braucht denn einen Schnorchel ohne Brille? Was nutzt einem die
Luft unter Wasser wenn man nix sieht?
11.00 Uhr
Ich schreibe, als mich plötzlich ein fürchterlicher Lärm halbzutode
erschreckt. Mimi´s zum Geburtstag geschenktes Fotohandy. Es ist ja
ganz OK das die Handyhersteller die Kamerafunktion der Geräte mit
einem Geräusch koppeln, der Spanner wegen und so, aber so ein
Radau muss es ja nun auch wieder nicht sein. Das hört sich ja an als
ob jemand einen großen Müllcontainer die Treppe runterrollen lässt.

13.00 Uhr
Svenni und Tinchen sind zurück. Wurde auch Zeit, ich kriege nämlich
langsam Hunger, und selber kochen soll schlecht für die Gelenke sein,
hab ich irgendwo mal gelesen meine ich mich zu erinnern. Hehehe
Die Sandwichs die wir uns daraufhin machen sind lecker, quellen aber
im Magen ein bisschen auf und sorgen so zusätzlich für ein enorm
sättigendes Völlegefühl.
Rüüüüüaaaoeuuuuooüülps. Besser.
13.30 Uhr
Nach dem essen geht's ohne Tinchen an den Strand, die Mittagshitze
heißt uns herzlich Willkommen und wir planschen sogleich ohne neue
Taucherbrillen im kühlenden Nass. Mimi bekommt noch ein
Geburtstagsgeschenk der besonderen Art, laut schreiend rennt sie aus
dem Wasser als ihr ein Krebs in den Fuß beißt. Eine halbe Stunde hat
es gedauert bis sie sich wieder reingetraut hat.
15.00 Uhr
Mimi ist heute die Chefplanerin und nachdem Tinchen abgeholt wurde
sitzen wir nun im Auto um einen weiteren Traumstrand für das
Geburtstagskind zu erobern. In Buccoo sollten wir laut Tinchen, diesen
finden. Der Traumstrand war ein Albtraumstrand. Ein einheimischer
Obstverkäufer lud uns zur Begrüßung auf eine Frucht ein, die keiner
kennt (ich dachte erst an ein Gift-Attentat), eine entfernt an
Weintrauben erinnernde, kleine, grün-gelbe Frucht befand sich nun in
jedermanns Hand. Die Pelle sollte aufgebissen werden um dann mit
zwei oder drei Fingern das gelbliche Fruchtfleisch in den Mund zu
drücken. Der erste Eindruck war leicht süß aber ekelhaft schleimig.
Die Regeln des Anstandes verboten aber dieses Geschenk im hohen
Bogen irgendwohin zu spucken, da mussten wir durch, beim zubeißen
merkte ich dann schnell dass sich lächerlich wenig Fruchtfleisch um
einen viel zu großen Kern gebildet hat. Gott sei Dank. Auch dafür dass
wir kein Geld dabei hatten um dem Mann noch weitere Früchte
abkaufen zu müssen. Als wir 40m weitergelaufen waren und im Schutz
einer Strandhütte, konnte ich wieder sprechen nachdem ich mich der
Leckerei entledigt hatte. Der Strand selber war ein Dreckloch. Ohne
Sand dafür aber voller alter Bootswracks und rostiger Fischfangkörbe,
schnell weg hier.
16.00 Uhr
Auf Höhe von Fischer-Fritz` Fischbude befand sich dagegen ein
Schwimmidyll. Kaum Wellen und klares lauwarmes Wasser, selbst
15m weit draußen konnten wir und vor allem die Kinder noch stehen.
Gegen halb-sechs klingelt mein Handy und Familie Nau singt für unser
bis zum Bauch im Meer stehendes Melinchen Happy Birthday im Chor.

**17.00 Uhr**
Einen der wenigen schattigen Plätze am Strand okkupiert Tinchen und breitet ihr Handtuch darauf aus. Ein so genannter Beinahefehler. Den Schatten verursacht die Weitausladende Krone einer Kokospalme, und zahlreiche pralle Früchte daran. Als Tinchen nun gerade, Sitzenderweise auf ihrem Handtuch Platz genommen hat, löst sich aus gut 6m Höhe, mit lautem knacken eine medizinballgroße Kokosnussbombe aus ihrer Fassung und schlägt mit dumpfem Knall, 50cm hinter Tinchen`s Rücken auf dem weichen Boden auf. Glück gehabt. Die Nuss hätte sicherlich größere Beschädigungen davongetragen, wäre sie 50cm weiter vorne mit Tinchen kollidiert.

**17.45 Uhr**
Wir haben es jetzt eilig, weil heute Car-Rental-Tobago unseren Nissan um 18.00 Uhr wiederhaben will. Mist. Also husch-husch alle Mann ins Auto und heim.

**19.15 Uhr**
Unser Auto steht immer noch und ich glaube fast wir haben wohl eher einen Leasing-Vertrag abgeschlossen.

**20.00 Uhr**
Heute ist Geburtstag und zur Feier des Tages probier ich das frisch aus dem 4-Sterne Gefrierfach unserer Frigidaire Kühl-Gefrierkombination gezogene "Royal Extra Stout". Königliche 6,6% Vol. Alcohol präsentieren sich auf dem Etikett. Auf zum fröhlichen Dichtwerden. Nach dem ersten Schluck suche ich die Inhaltsangabe auf der Flasche ab. Irgendwo muss da was von Pferdepisse und Jauche stehen. Den Dreck kann keiner trinken. Ich hatte schon Angst das Klo fängt an zu kotzen beim wegschütten.

**20.30 Uhr**
Die Kinder sind partymäßig gekleidet und geschminkt, inklusive französischem, dreifarbigen Nagellack an Händen und Füßen, die Frauen haben ihren ersten Caipirinha leer und ich hab ne halbe Stunde mit Stag gegurgelt um den Geschmack der zuvor getrunkenen Biersorte wieder loszuwerden. Auf in die Bar zum Billard spielen.

**21.00 Uhr**
Unser heutiges Geburtstagsabendessen besteht aus, Hurra, Pommes mit Ketchup.

**21.30 Uhr**
Jazzy, die Limettenverkäuferin um die Ecke, gesellt sich Redseligerweise zu uns und lässt sich von mir erst mal zu einem Carib einladen. Damit das nicht so weitergeht den ganzen Abend bring ich ihr ein Stag mit und sag einfach Carib ist alle, hehe, das schmeckt ihr nämlich nicht.

22.00 Uhr

Bei, wie immer, sehr guter Musik, heute sogar mit Videoleinwand, spielen wir gerade die dritte Runde Billard, (Die Kinder können das mittlerweile richtig gut) als ein einheimischer Jugendlicher 4 Coins zum spielen auf den Rand des Tisches legt. So weit so gut, wird überall so gemacht denk ich mir, er meldet sich an und will nach uns spielen.

Allem Anschein nach hat dieser Kollege aber wenig Zeit dabei, und ist nicht begeistert vom langsamen, unpräzisen Spiel der Kinder.

Kurzerhand geht er an den Tisch und drückt sich seine Kugeln raus, zu meiner großen Überraschung allerdings, weil wir noch gar nicht fertig sind.

Ich gehe hin um ihn aufzuklären dass wir das Spiel noch nicht beendet haben und die Mims heute Abend ihren Geburtstag hier feiert. Er gratuliert mir und baut seelenruhig und grinsend wie ein Honigkuchenpferd seine Kugeln auf. Ich rechne mir kurz meine Chancen aus hier eine Prügelei mit einem Einheimischen zu beginnen, sehe aber die besorgten Blicke von Svenni, Tinchen und den Kindern, und entscheide mich dann klein beizugeben. An unserem Platz angekommen, koche ich vor Wut und mein verletzter Stolz ist auch kein Trost. Viel fester als gewollt, knall ich meine Bierflasche, das es nur so schäumt und sprudelt, auf den gefliesten Tisch vor uns, und schimpfe lauthals auf den Trottel und seine schlechten Manieren.

Irgendwie muss er jetzt gemerkt haben dass es doch nicht so nett war dem Geburtstagskind die Party zu versauen. Er kommt zu uns und fragt ob die Melina vielleicht bei ihm eine Runde mitspielen will. Will sie nicht, aber lieb haben wir uns trotzdem wieder alle.

23.00 Uhr

Die Party geht dem Ende zu, die Mimi ist hundemüde, wir auch.

23.30 Uhr

Gute Nacht Tobago !!!

**Day 11**
**Donnerstag 06.08.2009**

08.45 Uhr
Tag 1 nach Mimis 10. Geburtstag, und die Normalität hat uns wieder.
Ausschlafen bis viertel vor Neun. Großartig.
09.15 Uhr
Wir stärken uns für den Tag. Tinchen für eine Geschäftsreise mit
Mariella und das restliche Quartett für den Strand. Das Frühstück ist
immer noch die wichtigste Mahlzeit am Tag. Und hätten wir nicht den
völlig verrußten Topf, Anfang der Woche einfach in den Kühlschrank
gestellt, wären wir heute Morgen nicht so dreckig geworden. Es ist
unglaublich, wie schnell sich das schwarze Zeug im Kühlschrank an
allen Ecken und auf alle Böden und Verpackungen legt. Nach dem
ersten Marmeladebrot sah ich aus wie ein Schornsteinfeger. Nach dem
zweiten Brot, diesmal mit Truthahnbrust sah ich aus wie ein
Schornsteinfeger der sich in die Hose gepinkelt hat, weil sich der
Wurstsaft beim aufreißen der Tüte direkt über meine Hose ergossen
hat.
10.00 Uhr
Aus keinem Hahn im ganzen Haus kommt auch nur noch ein Tropfen
Wasser. Ich nutze die aufkommende Verwirrung um schnell noch mal
aufs Klo zu gehen. Soll doch ein anderer kein Wasser mehr im
Spülkasten haben. Grins. Ein bisschen beunruhigt bin ich aber
dennoch.
10.15 Uhr
Svenni wackelt nervös auf ihrem Stuhl vor und zurück, sie hegt
insgeheim den Verdacht, auch das Wasser im Meer wäre weg, wenn
wir nicht schnell genug zum Strand runter laufen. Jetzt mal echt. Wie
soll das denn gehen? Stöpsel raus und aus die Maus? Aber im Ernst,
es gibt Menschen die in bestimmten Situationen ständig denken sie
würden etwas verpassen, wenn sie nicht schnell genug irgendwo sind.
Selbst im Urlaub kann man sich Stress machen, wenn man eigentlich
keinen hat.

**13.30 Uhr**

Heute bleibt die Küche kalt, ich beschließe Svenni und die Kinder zum Pizza-Essen einzuladen. Die Pizza ist bestellt und wir sitzen bei kalten Getränken vor dem Pizza-Boys im Schatten, als sich Keenan zu uns gesellt. Wer ist Keenan? Inan stellt klar das er nicht Inan heißt, wie ihn uns Tinchen irrtümlicherweise vorgestellt hat, sondern Keenan. Wir haben einen treuen Freund verloren, dafür einen neuen gefunden. Dankbar sein. Keenan stellt uns das Fassungsvermögen seiner Hosentaschen vor. Ich staune nicht schlecht als er geschätzte 25 Mangos daraus hervorwühlt, und vor uns auf der Tischplatte platziert. Respekt. Geld will er keins dafür, aber er zieht mich auf die Seite und flüstert mir ins Ohr, so ein kleines Fläschchen Rum käme ihm nicht Ungelegen zur Mittagszeit. Der Rum ist schnell gekauft und ich nutze die Gelegenheit ein Foto von ihm in nüchternem Zustand zu machen. Die Momente sind sehr Rar. Er wiederum ist die Dankbarkeit in Person, spurtet los in seinen Garten um die Ecke, und kommt mit Prallgefüllten Hosentaschen voller Limetten wieder. Der Abend für die Frauen ist gerettet. Wir haben noch jamaikanischen Rohrzucker, Old Oak und Eiswürfel sind auch noch da, nur Limetten waren alle. Das riecht nach Caipirinha.

**15.30 Uhr**

Die Kinder sind gelangweilt und haben die Nase voll von der langen Mittagsruhe. Sie spielen mit unserem letzten Flaschen-Trinkwasser. Aus Spaß wird ernst und so dauert`s nicht lange bis eins der beiden Mädels die Nerven verliert und ausflippt. Melina dreht als erste durch am heutigen Tag und knallt überall im Haus vor lauter Wut die Türen zu. Als sich Svenni außerstande sieht dem Treiben ohne Gewaltanwendung ein Ende zu bereiten, und Melina mit einer geschickten Kampfsportattacke den Arm halb aus dem Gelenk kugelt, höre ich meine Tochter nur noch brüllen: Mama, du doooofe Kuh.

**16.30 Uhr**

Tinchen ist von ihrer Geschäftsreise wieder zurück, im Schlepptau Mariella die meinen Nachmittag geplant hat. Als erstes die Wasserleitung im Haus reparieren (ist schon krass, wir hatten nur kein Wasser den ganzen Tag, weil Mariella Umsichtigerweise die Leitung abgesperrt hat, damit ich beim reparieren selbiger, abends keine Überschwemmung veranstalte. Sagt uns aber kein Wort vorher, die Gute. Clever), dann am späteren Nachmittag die Hängematte adäquat an den Deckenbalken ihrer Veranda befestigen. Allerdings hat sie nur einen viel zu kleinen Haken gekauft. Möglicherweise ist die Hängematte ja auch ein fliegender Teppich und der eine Haken dient als Anker, damit sie nicht davon fliegt.

17.00 Uhr

Mariella klärt uns auf das in dieser Jahreszeit definitiv keine Schildkröten am Strand zu bewundern sind. Ab sofort ist Alexander in meinen Augen ein Schurke, der uns unter falschem Vorwand irgendwo hinlocken wollte um uns auszurauben.

17.30 Uhr

Melina will einen Hund. Ich mache ihr klar wie wenig Zeit wir in Deutschland für einen solchen Spielgefährten haben, und dass es zurzeit keine gute Idee wäre einen Hund unsachgemäß ohne Aufsicht über mehrere Stunden am Tag in der Wohnung zu halten. Sie kündigt mir für den Nachmittag die Freundschaft.

18.30 Uhr

Tinchen möchte zur Entspannung noch mal zum Strand. Verständlich, es war ein langer anstrengender Tag für sie. Unterwegs treffen wir auf Marlon, der sich vor ein paar Tagen mit Tinchen auf der Strasse gezankt hat, jetzt aber wütend auf mich zu sein scheint. Ich mache im klar das ich nicht sein Feind bin, er hört nicht zu also lasse ich ihn stehen, Pech. Wer nicht hören will, ist einsam. Ein paar Meter weiter steht unser neuer Freund Keenan und warnt uns, nicht zur späten Stunde an den Strand zu gehen. Wir gehen wie immer trotzdem. Am Strand angekommen, hat Tinchen doch keine Lust mehr so spät an den Strand zu gehen.

Also, Heimwärts im Entenmarsch den Berg wieder hoch. Tinchen biegt an der Kreuzung mit Ann-Catherine rechts ab um sich mit Marlon wieder zu vertragen, was auch gelingt. Er ist doch ein lieber, und schenkt den beiden aus lauter Freude über die zurückerlangte Verbundenheit, jeweils eine wunderschöne, selbst gebastelte Muschelkette.

20.00 Uhr
Obst ist sehr Gesund, das weiß jeder. Limetten sind Obst, also sind Limetten auch Gesund. Aber Limetten sind auch sauer. Damit sie nicht zu sauer schmecken, verdünnen wir sie heute Abend mit Rum und Rohrzucker. Und weil es immer noch so heiß ist draußen, packen wir obendrauf sogar noch ein bisschen Eis. Ein gesunder Abend steht uns bevor. Mariella kommt auch dazu, obwohl sie eigentlich für ihr Restaurant Lebensmittel einkaufen wollte. Ihr Auto gab aber bereits drei Kurven weiter diverse Warnmeldungen über den Bordcomputer aus. Also schnell umdrehen und Parken, das ist ein Fall für Bob-der-Baumeister-Michel. Sie mietet sich aber sicherheitshalber erst mal bei Car-Rental-Tobago einen anderen Wagen um mobil zu bleiben, und sagt uns, morgen kommt ein Mechaniker der nach dem Wagen schaut. Den Mann kenn ich gut, jeden Morgen seh´ ich ihn im Spiegel. Die weiteren Themen des Abends sind Fremdsprachen. Mariella lernt deutsch, wir lernen englisch. Mariella ist sehr talentiert, hat aber mit der Wortkombination "elektronische Wegfahrsperre" anfänglich Probleme.
22.00 Uhr
Der karibische Vollmond steht dick und prall am Firmament. Er wirkt hier ein bisschen größer als Zuhause. Mein Durst auch. Aber nicht nur meiner, Tinchen gibt auch Gas und erklärt nach vier Caipirinha`s, die bei ihr leicht blähend zu wirken scheinen: Ich seh` aus wie eine dicke Holzkugel, die Frucht des Baumes Kalabasch. Ein hölzernes Gebilde von einem Meter Durchmesser. Hübsche Vorstellung.
23.00 Uhr
Gute Nacht Tobago !!!

60

**Day 12**
**Freitag 07.08.2009**

08.30 Uhr
Wir stehen geschlossen auf um unser gemeinsames Frühstück zu genießen, die Tage werden merklich weniger zu unser aller Leidwesen. Heute Morgen essen wir deutsche Salami aus Kanada importiert. Die Welt ist ein Dorf. Mariella hat auch `ne gute Idee: ich könnte ihr Auto mal in Ruhe durchchecken bevor der Mechaniker kommt.

10.00 Uhr
Ich habe Mariellas Auto durchgecheckt, Kühlwasser aufgefüllt, den Herd in unserem Apartment generalüberholt, abgewaschen und die Küchenzeile gewienert. Der Arbeitsalltag hat mich wieder, egal wo ich mich auf dem Globus befinde.

12.00 Uhr
Die Kinder haben das Meer satt oder es ist ihnen zu heiß draußen, jedenfalls gehen Svenni und ich heute, nach getaner Arbeit alleine zum Baden an den Strand.

14.00 Uhr
Das Auto ist weg, deswegen tragen wir die zwei frisch gekauften Wasserkanister zu Fuß den Berg hoch. Auf den "Flaschen" steht zwar 5 Liter, da geb` ich allerdings nichts drauf. Auf halbem Weg zum Haus haben die beiden Behälter schon das vierfache Gewicht. Oben angekommen, kann ich mich zwar gerade noch bewegen, bin aber nur noch 1,40m groß.

14.30 Uhr
Die beiden Damen haben wieder das Oberkommando in der Küche übernommen. Heute gibt es Nudeln mit Thunfisch. Na ja, kann man essen sofern man keine bedenken hat, sich als Mittäter, der immer wieder Mitgeangelten und Mitgemeuchelten Delfine zu fühlen. Ich sag nur Flipper, der Freund aller Fernsehsüchtigen in den Siebzigern. Hat dann aber trotz leichter Bedenken, auch mit Flipper-Sauce lecker geschmeckt.

16.00 Uhr

Die auf der Insel arbeitenden Bauarbeiter gehen ins wohlverdiente Wochenende, machen aber auf der Heimfahrt hier in Pleasant Prospect auf der Partymeile halt. Erhitzte Gemüter und Alkohol in rauen Mengen lassen schnell aus der Menschentraube, ein explodierendes Pulverfass werden. Kurz und Kleingeschlagene Hütten der Anwohner, rauchende Trümmer, ausgerenkte Gliedmaßen und blaue Augen sind stumme Zeugen der einstigen Idylle Pleasant Prospect. Das war zu der Zeit reine Spekulation. Wir haben nur den Lärm berstenden Holzes, lautes Geschrei und die Polizei gesehen und gehört. Die eigentlichen Ereignisse müssen erst erfragt werden.

17.00 Uhr

Die laute Brandung hat uns noch mal an den Strand gelockt, diesmal alle auf einmal. Bis zu 2m hohe Wellen bieten einen herrlichen Anblick. Ich springe sofort rein und lass mich von den Naturgewalten hin und her werfen. Svenni, Tinchen und Ann-Catherine folgen meinem Beispiel, nur die Mims traut dem Frieden nicht mehr und bleibt nachdem sie einmal untergetaucht wurde lieber am Strand stehen.

19.00 Uhr

Ziemlich ausgelaugt vom Baden sind wir zurück im Haus, Ich zerre halbverdurstet die Kühlschranktür auf und greife nach dem dritten Einzelkind meiner kleinen Auswahl einheimischer Probebiere. In meiner Hand befindet sich nun ein eiskaltes "Stud Power Stout". Malzig mit Ginger und Anis und 6%. Die Spannung steigt. Bisher hatte ich einmal Glück und einmal Pech was den Geschmack der Biersorten anging. Deckel auf und rein den Saft, direkt aus dem Stamm getrunken. Nach einer Zehntelsekunde dachte ich noch: Gut gewählt. Die Zunge muss aber erst die Kälte verarbeiten und kann sich erst dann auf den Geschmack konzentrieren. "Geschmack" ist im Endeffekt ein Begriff, der mit diesem Getränk sehr, sehr wenig zu tun hat. Augenblicklich dachte ich der Flaschenhals wäre der offene Abfluss einer Affentoilette. Man muss schon gigantischen Durst haben um sich an so was zu vergreifen.

20.00 Uhr

Die leichten Vergiftungserscheinungen durch mein schlecht gewähltes Bier sind rasch wieder abgeklungen. Die Kinder surfen auf YouTube und suchen die Hits, die hier auf der Insel den ganzen Tag rauf und runter gespielt werden. Als ich den Nummer-Eins-Hit-Sänger von "One more Night", einem Remake des alten Phil Collins Hits von 1985, sehe, wird mir klar, wer uns abends im Black&White neben Bob und Lanny die Drinks macht: Busy Signal, der smarte Sänger.

21.00 Uhr
Mariella setzt sich heute Abend wieder zu uns. Ich will gerade meinen Blaumann holen um irgendwas zu arbeiten, als wir auf Fußball zu sprechen kommen. Es stellt sich heraus dass Mariella 2006 zur WM in Deutschland war und alle Partien Trinidad&Tobagos live im Stadion gesehen hat. Ich bin sprachlos. Sie erklärt uns dass sie einen Bekannten bei der Fifa hat und die Tickets einfach so bekommen hat. Gute Bekannte braucht man eben. Sie lobt die deutschen Organisatoren in höchstem Maße und auch der Sommer war schön warm.

22.00 Uhr
Ich mixe heute Abend die Drinks und habe gerade für alle eine Runde Caipirinha fertig, als mich Mariella nach dem ersten Schluck aufklärt: dieses Getränk heißt hier auf der Insel Rum-Punsch. Einfach so. Wie kann ein so leckeres Getränk hier einen so langweiligen Namen haben.

23.00 Uhr
Nena singt in der Bar "99 Luftballons" Ich wette sie ist persönlich da unten, bin aber zu müde nachzuschauen.
Gute Nacht Tobago !!!

**Day 13**
**Samstag 08.08.2009**

08.30 Uhr
Ich schäme mich ein wenig, so selten im Urlaub den Früstückstisch gedeckt zu haben, und hole dieses jetzt nach. Bei der Gelegenheit spüle ich auch noch schnell das Geschirr vom Vorabend und wasche den immer noch verrußten Kühlschrank aus. Ich mach das nicht nur der Ordnung wegen. Mariella kann jederzeit nach mir rufen damit ich für sie irgendwelche schweren Gegenstände umher tragen soll, in so einem Fall ist es immer gut die Muskulatur ein wenig vorgewärmt zu wissen.

10.00 Uhr
Nach dem Frühstück ruft Mariella nach mir. Wenigstens aufessen durfte ich noch. Ihr Staubsauger will nicht so wie sie wohl will, also komme ich ins Spiel. Mein geschultes Auge lässt mich die Problematik an diesem Gerät mit einem Blick erfassen. Es handelt sich bei ihrem Staubsauger um einen "Eureka Altima Turbo Bagless Upright SpinDuster 2961AVZ" mit einer offensichtlichen Abluftfilter-Verstopfung. Nachdem alle Filter im Gerät professionell gereinigt waren und die heiße Mittagszeit noch nicht erreicht wurde, wende ich mich einem weiteren Problem zu: die Montage der Hängematte. Die Deckenbalken auf ihrer Veranda bestehen aus südamerikanischen Harthölzern und ihr Werkzeugkasten ist sehr klein und nur spärlich bestückt. In den allermeisten Fällen bin ich in der Lage entsprechend zu improvisieren. Hier Nicht. Die zwei unterschiedlichen Schraubendreher die sich in ihrem Besitz befinden, haben schlecht in die Schrauben gepasst, das Holz war zu hart und eine Bohrmaschine zum Vorbohren der Löcher war nicht vorhanden. Ein Versuch das Kernloch für die Schrauben mit einem Nagel vorzuweiten misslang. Ich versprach ihr beim verlassen ihrer Wohnung, beim nächsten Besuch auf Tobago eine Bohrmaschine und den passenden Kernlochbohrer mitzubringen.

65

11.00 Uhr

Svenni`s Geduld neigt sich dem Ende zu. Gestern war zwar das Wasser am Strand noch da, das heißt aber nicht dass es jetzt immer noch dort ist. Kontrolle ist da immer besser, und los geht`s. Alle zusammen müssen wir machtlos zusehen wie der Vorletzte Vormittag auf dieser Insel an uns vorüber zieht. Gegen Ein Uhr laufen ein paar finster dreinblickende Inselbewohner, mit 3 dicken schwarzen unangeleinten Kampfhunden auf unseren Strandabschnitt zu. Als Beschützer meines Rudels muss ich mit ansehen, wie die Hunde immer wieder mit Handtüchern und anderen Gegenständen geschlagen und aufgestachelt werden. Ich befehle: alle Mann sofort ins Wasser und Deckung unter dem Schutz der Wellen gesucht, um einer möglichen Attacke der vierbeinigen Monster zu entgehen. Die Gefahr kommt und geht an uns vorüber ohne dass wir Schaden genommen haben.

13.30 Uhr

Wir haben ein paar fehlende Kleinigkeiten im Supermarkt gekauft (Wasser und Kräcker) und befinden uns auf dem Nachhauseweg, als uns Marlon vor seiner Tür sitzend auffällt. Er hat dicke Ringe unter den Augen und sieht aus als hätte er geweint. Wir erfahren nun den Grund des gestrigen Tumults im Ort. Irgendwer hat Marlons Fischerboot geklaut und es halb zu Schrott gefahren. Und nicht nur das, die Strolche haben auch noch Sand in seinen Motor geschüttet. Deswegen ist er wohl ausgerastet, hat wild umhergetobt, seine Hütte fast kurz und klein geschlagen und die Polizei gerufen. Verständlich wenn man bedenkt das er seinen Lebensunterhalt mit Fische fangen unterhält.

14.30 Uhr

Mariella fährt mit unserem alten Leihwagen auf den Hof weil ihr Honda immer noch nicht repariert ist. Ich suche nach einem geeigneten Versteck, aber zu spät, sie hat mich schon erblickt und ruft nach mir. Ich gehe hin und freue mich ihr mal wieder helfen zu dürfen. Nachdem ich Vergeblich 20 Minuten nach einem Schwerlast-Flaschenzug an ihrem Haus gesucht habe, trage ich ihren neuen 6 Meter langen und 14 Zentner schweren Gastank die Treppe hoch. Mach ich doch gerne. Irgendwie tut sie mir ja Leid die Arme, wie bekommt sie nur all` die schweren Sachen in ihr Haus wenn ich erst mal weg bin?

17.00 Uhr

Tinchen hat sich wieder mal selbst übertroffen, Reis mit Mais und lecker Hähnchenschenkel, dazu jede Menge Knoblauch. Ein Abendessen der Extraklasse.

18.45 Uhr

Wir sitzen in der einsetzenden Dämmerung auf der Veranda Nummer 2 und starten den letzten Partyabend mit ein paar Drinks als ich auf die glorreiche Idee komme mir die Fuß- und Fingernägel zu schneiden. Schnipp, Schnapp, Ab. Hätte ich das mal eher gemacht. Durch die beginnende Dunkelheit hab ich den dicken Zeh am rechten Fuß nur noch Schemenhaft wahrgenommen, aber trotzdem mein Glück versucht. Was soll ich sagen? Völlig entstellt, mit einem schief geschnittenen Fußnagel muss ich morgen ins Flugzeug steigen und die Heimreise antreten. Die Leute werden lachen über mich, wenn ich überhaupt den Flieger betreten darf.

20.06 Uhr

Ein paar Minuten zu spät treffen wir auf Christine und überreichen ihr unsere zuviel gekauften Lebensmittel. Heute wollen wir noch mal Marlon im Ocean View besuchen. Er ist aber gar nicht da, also trinken wir ohne ihn. Christine und Tinchen teilen sich eine kleine Flasche White Oak Rum mit Eiswasser, die Kinder trinken SevenUp, Svenni und ich bleiben bei einheimischem Bier um die Kontrolle zu behalten. Kontrolle wäre dem hiesigen Braumeister auch zu wünschen. Ausnahmslos alle Biersorten die ich hier probiert habe stammen aus der „Brewery Carib". Das Carib selber und das Stag sind Lager Biere und lassen sich, gut gekühlt, ohne Probleme trinken. Alle anderen Biersorten die ich versucht habe waren eine Beleidigung meiner Geschmacksnerven, inklusive des gerade gekauften Mackeson (gesprochen Makasou), einem 6 prozentigen Dunkelbier, das mit Milchsäure vergoren wurde und wie 10 Kohletabletten in Buttermilch aufgelöst schmeckt.

20.25 Uhr

Ein Polizeifahrzeug hält vor dem Ocean View, aus dem Auto steigen zwei blonde aufgetakelte Damen um die Vierzig und eilen zielstrebig auf uns zu. Es stellt sich heraus dass die beiden aus Deutschland kommen und am morgigen Tag mit uns die Heimreise antreten. Ihre Anwesenheit hat den Grund, ihren vermissten linken Ohrring aufzuspüren, den sie im Ocean View verloren zu haben glaubt. Hilfsbereit wie wir sind beteiligen wir uns an der Suche. Ohne Erfolg, das Schmuckstück bleibt verschwunden. Aber das eigentlich Interessante an der Geschichte ist die Art und Weise wie die Damen zu uns kamen. Es ist wohl eher Pauschaltourismus in irgendeiner bewachten Hotelanlage den die beiden Damen hier auf der Insel pflegen. Völlig von der einheimischen Welt abgeschirmt, mit einer fürchterlichen Angst ihr sicheres Feriendomizil im dunklen zu verlassen. Man muss sich nur vorstellen mit einem Polizeiauto auf Ohrringsuche zu gehen. Peinlich. Wenn man nur ein bisschen die Lebensweise der einheimischen Bevölkerung annimmt, gewinnt man schneller neue Freunde als man gucken kann. Uns ist es jedenfalls so ergangen.

21.00 Uhr

Der Abwesenheit von Marlon zu verdanken, wechseln wir die Location. Ab sofort rollt der Ball im Black&White weiter. Die Aussicht im Ocean View wird in der Dunkelheit eh überschätzt meiner Meinung nach. Einzig die Flutlichtanlage des Fußballstadions von Plymouth wirkt imhinternsteine, äh sorry, imposant. Im Black&White ist aber wirklich die Hölle los heute Abend. Wir mischen uns sofort unter die Einheimischen und tanzen zu halber Live-Music, heute Abend ist kein Geringerer als Sean Kingston Höchstpersönlich, unser Diskjockey. Tinchen und Keenan führen einen einheimischen, leicht grotesk wirkenden Stammestanz auf, es liegt aber mehr an Keenan und seinen 4 Promille, als an Tinchen, das der Tanz unter den Augen und Videohandys der Jugendlichen eine unheimliche Begeisterung hervorruft. Garantiert werden wir auf YouTube unser Treiben bewundern können.

22.00 Uhr

Ich spiele Pool-Billard mit einem echten Freak. Der Knabe hat an Stelle von Fingern, 10 Billardqueues an den Händen, ist aber leicht nervös weil er wahrscheinlich erstmals in seinem Leben mit einem echten Weisbrot wie mir spielt. Ich kenne den Tisch mittlerweile, und es fällt mir schwer ihn gewinnen zu lassen. Aber des Friedens Willen spiele ich die schwarze Acht am Ende genau vor sein Loch.

22.30 Uhr
Der Svenni hat's nicht gut getan mit den Damen den einheimischen
Rum mit Zitronensprudel zu trinken. Ab halb Elf Uhr getraut sie sich zu
heißen Reggae-Rhythmen das Tanzbein zusammen mit Keenan zu
schwingen. Ihren Tanz an sich kann keiner als Peinlich betrachten, ich
hatte eigentlich mehr Angst dass alle Beide in einer möglichen,
spontan eingearbeiteten Akrobatikeinlage den ansonsten ziemlich
solide wirkenden Billardtisch umreißen. Christines hoffnungsvolle
Aufforderung in meine Richtung ein ebensolches Tänzchen zu wagen,
lehnte ich großzügig ab. Ich wollte die Paarungsbereitschaft der
anwesenden Insulanerinnen nicht noch zusätzlich durch meine
anmutigen Bewegungen steigern. Mein hübsches Aussehen sorgte
schon für genug Aufruhr unter den Stammeshäuptlingen.
23.00 Uhr
Fertig mit Tanzen und undurstig neigt sich unser letzter Abend auf der
Insel dem Ende. Gegenüber der Bar, auf der anderen Straßenseite sitz
Marlon, jetzt wieder lieb geworden und mit uns sprechend vor seiner
Hütte. Wir gehen rüber zu ihm und verabschieden uns herzlich, aber
das kommt ihm Ungelegen also bleib ich noch ein bisschen bei ihm
sitzen. Ganz offensichtlich hat er die große Gesprächsbereitschaft
heute am Start. Nur die Damen dürfen gehen und eilen, ihre
willkommene Nachtruhe vor Augen, den Berg hoch. Wir reden über
dies und das, über seinen zerstörten Bootsmotor, und die Welt und die
Arbeit, als Keenan für einen weiteren Höhepunkt des Abends sorgt. Er
betritt das Grundstück von Marlon. Ein Fehler. Marlon arbeitet hart für
sein Geld und Keenan bekommt sein Geld vom Gouvernment. Und
deswegen hasst Marlon, Keenan. In Marlons Augen sind Leute wie
Keenan Abschaum, Schmarotzer, Blutegel der Gesellschaft. Er warnt
ihn genau einmal, sein Grundstück zu verlassen. Keenan hat aber
durch ein enormes Übermaß an Rum und Bier die Qualität seiner
Motorik überschätzt und geht anstelle von rückwärts vom Grundstück,
vorwärts noch weiter drauf. In Marlons Augen hat das wahrscheinlich
wie ein Angriff ausgesehen, obwohl Keenan noch gute drei Meter
entfernt war. Blitzschnell greift Marlon hinter seine offene Hüttentür
und zieht einen Holzknüppel dahinter hervor. In einer einzigen
fließenden Bewegung geht er nun zum Angriff über und schlägt den
völlig überraschten und wehrlosen Keenan einfach um. Mein
Mutterinstinkt greift sofort, ich springe ebenfalls auf um den, auf die
Straße gestürzten Keenan wieder auf die Beine zu bringen.

Jetzt sitze ich aber schön in der Zwickmühle. Die Beiden sich hassenden Kontrahenten, und ich in der Mitte, Super. Irgendwie schaffe ich es Keenan hinzustellen und Marlon daran zu hindern ihn wieder umzuwerfen, habe aber auf weitere Gespräche keine Lust mehr. Müde bin ich sowieso und selber noch ein blaues Auge am letzten Abend abgreifen weil ein verirrter Faustschlag versehentlich mein Gesicht treffen könnte, nein danke. Ich lasse die beiden stehen und mach mich auf den Nachhauseweg. Schließlich bin ich nicht die Mutter Theresa die hier auf der Insel den Pazifismus neu erfindet.

00.00 Uhr

Der letzte Abend auf der Insel ist gleichzeitig mein spätestes zu Bett gehen. Im Apartment angekommen sehe ich die besorgten Gesichter der beiden Frauen. Die beiden hatten echte Angst um mich. In meinen Augen unnötig, da ich in meiner Jugend alle Bud Spencer & Terrence Hill Filme gesehen habe, und somit quasi ein echter Kampfsport-Experte bin. Eher hätte ich mir auf den Straßen Tobagos um die beiden Frauen Sorgen machen müssen, verursacht durch den einheimischen Rum hatten die beiden eine schreckliche Heißhunger-Attacke und haben sich noch schnell einen so genannten Feuerball zubereitet: Lilli-Belle Sauce, fast Pur, mit ein paar Krümeln Reis. Viel Spaß morgen Früh auf dem Klo.

00.22 Uhr

Ich gehe schlafen und denke voller Wehmut an den fast beendeten Urlaub und diese wundervolle Insel.

Gute Nacht Tobago!!!

**Day 14**
**Sonntag 09.08.2009 Abreisetag**

07.00 Uhr
Die Spannung steigt, in Erwartung der kommenden Ereignisse versagt
der Körper trotz andauernder Müdigkeit die Bereitschaft
weiterzuschlafen. Das habe ich zwar schon mal geschrieben, ist aber
egal, weil es stimmt.
08.30 Uhr
Nach dem gestrigen Abend sind nun alle mehr oder weniger wach. Die
Kinder eher mehr, die Frauen eher, von schlimmen Kopfschmerzen
geplagt, weniger. Ein letztes Frühstück wird schnell verschlungen
bevor der Reiseproviant für den heutigen Tag gepackt wird. Viele kalte
Getränke. Der klägliche Rest Rum bleibt hier. Ich spiele zwar kurz mit
dem Gedanken die Flasche in einem Zug zu leeren, glaube dann aber
doch es ist vielleicht keine gute Idee um halb Neun schon voll wie ein
Eimer durch den Ort zu wackeln.
09.00 Uhr
In Anbetracht der Tatsache, dass wir heute nur noch einen halben Tag
zur Verfügung haben, uns aber schnell noch von allen Verabschieden,
am Strand baden und alle Mann duschen wollen, heißt es Beeilung.
09.04 Uhr
Am Strand angekommen, genießen wir alle den letzten sonnigen
Morgen auf dieser Insel. das Wetter ist uns wohl gesonnen und das
Wasser ruhiger als sonst. Ein einheimischer Papa geht mit seinem
Sohn und seinem Hund baden. Der Hund ist niedlich, weil noch Welpe,
man sieht aber schon das Monster in ihm.
40 cm hoch und Pfoten so groß wie Bärentatzen. Wenn er so bliebe
dann O.K. aber der wird gewiss so groß wie ein Kalb.
11.30 Uhr
Ade, O du schöne Karibik. Der Abschied fällt schwer. Ein letzter Blick
auf die Umgebung die 14 Tage unser Zuhause war. Auf dem Rückweg
treffen wir auf Marlon der wohl vergessen hat dass er sich eigentlich
mit Tinchen wieder versöhnt hat.
Keine Ahnung was der sich für`n Zeug einwirft, aber so ein schlechtes
Gedächtnis ist Filmreif. Jedenfalls sieht er uns und schon meckert er
fröhlich drauflos, und was für Kraftausdrücke. Ich geh dann auch
schnell ohne mich von ihm zu verabschieden. Arschgeige.

12.00 Uhr
Wir lassen uns von Marlon nicht am letzten Tag den Urlaub verderben,
wir nicht. Wir gehen gutgelaunt alle man duschen und machen uns
dann Schick für den Flieger. Die Koffer und Rucksäcke sind fertig
gepackt und wir wirken alle gut erholt, es war ein fabelhafter Urlaub. Im
hellen betrachtet sieht sogar mein Fußnagel gar nicht so schlimm aus,
da gehen doch die Flip-Flops. Mariella hat derweil für 14 Uhr unser
Taxi bestellt und uns angeboten mit zum Flughafen zu fahren, weil wir
nicht alle in ein Taxi passen. Sie hat uns offenbar sehr ins Herz
geschlossen. Plötzlich fällt mir auf das meine Hosenwahl keine gute
war, es fehlen für die wichtigsten Reiseutensilien Taschen. Es befindet
sich gerade eine einzige an meinem rechten Hosenbein, das ist
zuwenig. Also Koffer noch mal auf, neue Hose raus, alte Hose rein,
Koffer wieder zu. Die ist aber frisch gewaschen und wird mir schon
nach kurzer Zeit zu eng. Wenn ich da auch noch die Taschen fülle, halt
ich keine 12 Stunden im Flieger durch. Was bleibt? Koffer noch mal
auf, zweite Hose rein, dritte Hose raus, Koffer zu. Die sitzt, und ist dem
Flug angemessen.
14.00 Uhr
Unser Taxi fährt vor. Zu meiner großen Freude sitzt unser alter
Bekannter Kennedy am Steuer und die Live-Band spielt immer noch
oder schon wieder in seinem Kofferraum. Die ganze Insel bebt unter
der auf Volllast laufenden Bässe in seinem Auto. Mariella bittet ihn die
Musik leiser zu drehen weil sie Angst hat das sich die tektonischen
Platten hier inmitten der kleinen Antillen verschieben, oder vielleicht
eher weil sie keine ungebetenen Gäste anlocken will die den Lärm
versehentlich für eine Party halten und spontan ihr Grundstück mit
Rum und Joints im Gepäck belagern. Er macht`s, ich helfe beim
einladen und los geht`s. Wir sind noch nicht ganz am Ortsausgang, als
Kennedy „versehentlich" an seinem Radio dreht.
Die entstehende Geräuschkulisse erinnert stark an Berichte vom
Urknall. Mein durch starke Schmerzen im Gehörgang verursachtes
Zucken, wird fälschlicherweise für Mittanzen gehalten und Kennedy
sieht sich Außerstande uns am Flughafen abzusetzen, ohne uns eine
seiner Cd´s zu schenken. Ich nehme das Geschenk dankbar an, und
freue mich jetzt schon darauf alle unsere Freunde in Marburg damit zu
quälen.

14.30 Uhr
Am Flughafen angekommen, verabschieden wir uns alle wehmütig voneinander. Svenni saß im Taxi hinten bei den Lautsprechern und sie dröhnt wie die 24 Tonnen schwere Glocke im Kölner Dom noch nach. Ein leichtes Ohrgeräusch lässt sie die nächsten 15 Minuten bei unseren Unterhaltungen teilnahmslos erscheinen. Zielstrebig laufen wir auf das Terminal mit der Aufschrift „Condor" zu, um unsere Koffer abzugeben. „So Einfach geht das hier nicht" offenbart uns der Schalterbeamte. Ähnlich dem Hinflug, müssen diverse Formulare ausgefüllt werden um das Land zu verlassen.

15. 30 Uhr
Die Formalitäten sind erledigt, unsere Koffer wurden von zwielichtigen Gestalten irgendwohin getragen (ob wir die noch mal wieder sehen werden?) und unsere Bordkarten in Empfang genommen. Meine Flugangst alleine reicht dem Bodenpersonal hier nicht. Handschriftlich bekomme ich auf meiner Karte die Zahl 13 notiert. Wenn die wüssten dass das eigentlich meine Glückszahl ist.

15.45 Uhr
Wir haben noch bis 17.00 Uhr Zeit um die letzten TT-Dollar auszugeben. Es wird handgeschnitzter Kokosnuss-Schmuck, ein paar Hämatit-Ketten, eine Landkarte von Tobago und steuerfreie Marlboros gekauft. Eine letzte Mahlzeit vor dem Flug wird in der Hähnchen-Bude gegenüber dem Flughafen verspeist. Die Frauen nehmen Fish&Chips, die Kinder bekommen die Kids-Box mit Pommes, Hähnchen und künstlichem O-Saft, und der Michel isst French-Fries mit feuerscharfen, glutheißen Hähnchenschenkeln und ein kaltes Stag dazu.

17.00 Uhr
Die Kontrolle der Fluggäste an Gate 3 beginnt. Um in die Passagier-Lounge für unseren Flug Condor DE-7111 zu gelangen, müssen wir uns den Sicherheitsbeamten Tobagos bedingungslos unterwerfen. Die machen hier keine Gefangenen, kein Krümel bleibt unentdeckt. Die Frauen werden nach den Regeln des Kamasutra professionell abgetastet und selbst mein letztes Einwegfeuerzeug bleibt auf der Insel.

18.30 Uhr
Entgegen meinen Befürchtungen startet Flugkapitän Brandel die Boing 767 atemberaubend unspektakulär. Unser 40-minütiger Flug bringt uns kurz auf 9 000 Meter Höhe, um dann direkt auf den Landeanflug nach Porlamar zu gehen. Butterweich die Landung. Der Kollege hat`s drauf so ein Flieger zu bedienen.

19.30 Uhr

Isla de Margarita/Porlamar/ Venezuela Flughafen. Wir steigen alle Mann aus dem Flugzeug um weitere 2 Stunden irgendwo ohne Raucherinsel rumzusitzen. Der erste Eindruck beim Verlassen der Maschine war erstmal karibisch schwül, dann aber angenehm Europäisch was die Beschaffenheit der Grünanlagen und Bauwerke angeht. Solide Mauern, große helle Wartebereiche, eine Gutsortierte Einkaufspassage und „Polar" Bier in 330ml Flaschen. Nach 20 Minuten war die Damentoilette als inoffizieller Raucherbereich umfunktioniert worden. Die Zeit in unmittelbarer Nähe zur Rollbahn verging wie im Flug.

22.00 Uhr

Der Start in Porlamar weckt ungute Erinnerungen. Die neue Crew an Bord muss den Flieger erst noch kennen lernen und so gestaltet sich das Abheben etwas turbulent. Nach anfänglicher Angst gewöhnen wir uns relativ schnell an die holprige Art und Weise des Piloten dieses Ungetüm durch die Luft zu bewegen.

23.00 Uhr

Unser Abendessen wird serviert. Ein Flaschendeckel großes Schälchen Salat mit zwei Schinkenfasern darin, süße Milchbrötchen, irische salzige Butter und ein Hühnchensteak, hart und kalt wie Holz mit dem Geschmack von altem Fisch. Wenn ich gleich brechen muss, liegt es nicht an den Turbolenzen.

24.00 Uhr

Unser leckeres Abendbrot ist Vergangenheit und nach dem obligatorischen Begrüßungscocktail versuchen wir alle in dieser Achterbahn ein paar Stündchen zu schlafen. Melina und Ann-Catherine schaffen das auch ganz gut, ich döse auch hin und wieder mal kurz ein, für 5 – 10 Minuten, nur die beiden Damen kriegen in dem Geschaukel, und den engen Platzverhältnissen kein Auge zu. Mehrmals versuchen sie sich des Nachts mit Rum aus der Bord-Bar zu betäuben. Ohne Erfolg.

06.00 Uhr

Wir befinden uns über europäischem Festland, kurz nach dem wenig erwähnenswerten Frühstück, und der Run auf die Toiletten geht los. Eine unheimliche Massendynamik beginnt. Wie von Geisterhand gelenkt, müssen wohl alle gleichzeitig Pipi. Wer kann putzt sich auf dem Gang in der Schlange die Zähne.

Als ich in der vermeintlichen Sicherheit der Flugzeugtoilette verschwinde, geben die Turbolenzen wieder richtig Gas. Wie ein großer Sack Kartoffeln fliege ich dem viel zu kleinen Klo umher, und schlage mit der Stirn fast den Türknauf ab. Das gibt `ne Beule. Das Dusseltier von Stewardess auf dem Gang setzt aber noch eins drauf, und latscht mir mit ihren Pfennigabsätzen voll auf den Fuß das es nur so blutet. Super, jetzt bin ich wohl wach, beginne aber auch wütend zu werden. Den traurigen Höhepunkt bildet dann, am Sitzplatz angekommen, die Sauerei die Tinchen da veranstaltet hat. Meinen fast vollen Kaffeebecher über den Tisch und meinen Stuhl verschüttet.
07.20 Uhr
Das Wort Landung muss für diese Art von Aufsetzen auf der Landbahn entweder neu definiert werden, oder man muss schlicht und ergreifend Abwurf sagen. Normalerweise jubeln die Passagiere auf dem Rollfeld angekommen, in unserem Fall waren aber nur vereinzelt ausgerufene Stoßgebete und erleichtertes Jauchzen zu hören. Aber dennoch:

Wir sind wieder Zuhause Hurra!!!

07.25 Uhr
Uhr vorstellen.
**Montag 10.08.2009**
13.25 Uhr
Seit über 24 Stunden sind wir jetzt größtenteils wach. Dicke Ringe unter den Augen lassen die Jungs am Schalter der Passkontrolle zweimal vergleichen ob es auch der- oder diejenige ist, der oder die da auf dem Pass zu sehen ist. Ein feines Wortspiel. Wir werden irgendwann erkannt und dürfen in die große Gepäckausgabehalle weiter gehen.
15.00 Uhr
Geschlagene eineinhalb Stunden warten wir auf den Moment da die vollautomatische Gepäckverteilungsanlage unsere Koffer ausspuckt. Das Gute an dieser langen Wartezeit ist, jeder von uns kann ganz in Ruhe eins der wirklich komfortablen und vor allen Dingen saubern Toiletten benutzen. Hier gibt's kein umherfliegen und Griffe abreißen wie im Flieger.
15.10 Uhr
Wir entscheiden uns für einen indischen Taxifahrer, der uns Dank diverser Umbaumöglichkeiten seines Opel Zafira, alle 5 auf einmal zum Frankfurter Hauptbahnhof fahren kann. Jetzt wieder auf der richtigen Seite fahrend und mit einsetzendem Nieselregen bei vielleicht 20° Celsius fühlen wir uns schnell wieder wie Zuhause.

15.30 Uhr
Vor dem Frankfurter Hauptbahnhof sitzend nehmen wir erste einheimische Getränke seit 15 Tagen zu uns.

15.35 Uhr
Nachdem wir einen grünen Ticketautomaten gefunden haben (in den blauen gibt's keine Hessen-Tickets)
und ein Gruppenticket erstanden haben, erfahren wir dass unser Regionalexpress vor 5 Minuten abgefahren ist. Pech. Um 15.55 Uhr fährt aber eine Bummelbahn nach Marburg. Wir sollen nur aufpassen, dass wir in den hinteren drei Waggons, die die bis nach Treysa fahren, sitzen, da der vordere Zug in Giessen abgekoppelt wird und weiter nach Dillenburg fährt. Um 16.45 Uhr stehen wir ohne Zugmaschine am Giessener Hauptbahnhof. Ein leicht hektisch wirkender Schaffner fragt uns ob wir nicht Fahrgäste nach Marburg wären. Nachdem wir die Frage bejaht haben rennen wir so schnell es mit dem ganzen Gepäck möglich ist auf den Bahnsteig, um den vorderen Teil des Zuges, der nach Marburg fährt noch zu erreichen. Vergeblich. Mit uns tummeln sich jetzt diverse Feierabend-Pendler und eine Gruppe Sehbehinderter Menschen, die alle nach Marburg wollten, auf dem für uns nutzlos gewordenen Bahnsteig Eins.

16.50 Uhr
Fast 28 Stunden ohne Schlaf stellen meine Geduld mit dem RMV auf eine harte Probe. Nach einer Beinahe-Schlägerei mit zwei Bahnpolizisten werden Sonderkonditionen für uns, die Feierabend-Pendler und die Gruppe Sehbehinderter Menschen ausgehandelt. Wir dürfen alle mit dem nächsten IC nach Marburg fahren. Wie Großzügig. Ich hätte mir gewünscht zusätzlich noch einen Gepäck-Jungen an die Seite gestellt zu bekommen, der uns die schweren Koffer über die Brücke auf den Bahnsteig Zwei trägt.

17.25 Uhr
Wir sind sicher und ohne weitere Zwischenfälle am Marburger Hauptbahnhof angekommen. Zwei Taxen sind schnell bestellt und die Trennung dieser so wunderbar eingespielten Reisegruppe steht unmittelbar bevor. Eine herzliche Verabschiedung und weitere 5 Minuten später sitzen wir im Taxi. Die letzte Etappe des Urlaubs beginnt.

17.30 Uhr
Der Fahrer muss Zwangsläufig ein echter Inuit sein. Die vorherrschenden, kalten 20° C, bringen unseren Fahrer offensichtlich in Überhitzungsprobleme. Er hat im Auto die Klimaanlage auf vollen Touren laufen und somit haben wir allerhöchstens noch 14 Grad im Wageninneren.

17.45 Uhr
Völlig Unterkühlt, dem Erfrierungstod nahe, sind wir Zuhause in der Badestube 52 angekommen.
Home, sweet Home. Ich packe meine Sachen nicht aus. Ich gehe erst an den Kühlschrank und hole mir ein eiskaltes Licher Weizen heraus. Prost.
19.00 Uhr
Unsere Katze Findus erscheint auf der Bildfläche. Zahm wie ein Meerschweinchen, ist diesem Tier anzumerken, wie sehr es uns vermisst hat.
19.15 Uhr
Wir haben unsere kläglichen Bierreserven aufgebraucht und brauchen in Anbetracht der Tatsache das Svenni noch eine kleine Widersehensparty mit der Familie Nau arrangiert hat, Nachschub. Der Kühlschrank war sowieso auch alle, also schnell noch mal zum Edeka und die wichtigsten Kleinigkeiten gekauft. Captain Müller erklärt sich bereit den Part des Fahrers zu übernehmen, da die zwei getrunkenen Bierchen schon ihre volle Wirkung entfaltet haben.
23.30 Uhr
Ein Schnelldurchlauf der Urlaubsbilder auf der Kamera, 8 Büchsen Veltins für die Männer, ich glaube zwei Flaschen Wein für die Frauen später sehen wir aus wie Zombies. Seit über 34 Stunden wach, sind wir dem Delirium nahe. Als einziger Einheimischer ohne Jetlag, schafft es Familienvater Nau sich unserem Zustand anzupassen. Er verliert nach meinem unangekündigten Verlassen der Bierzeltgarnitur das Gleichgewicht und fällt mit der ganzen Bank einfach seitlich auf die Wiese.
00.00 Uhr
Ein unvergesslicher Urlaub ist zu Ende.
Gute Nacht Tobago!!!

## *Ende*

*Ein dickes Lob gibt's noch für:*
*Condor / für's "sichere" Fliegen*
*Pizza-Boys / für die leckerste Pizza der Insel*
*Brauerei Carib / für ihre sinnvollen Nahrungsergänzungsmittel*
*Serani / für den Hit: No Games*
*Christoph Kolumbus / für's Amerika entdecken*